Ulrike Itze / Edelgard Moers

Psalmen

gestalten – erleben – verstehen

Persen Verlag

Die Autorinnen

Dr. Ulrike Itze – Konrektorin an einer Grundschule; bis 2004 sechs Jahr lang wissenschaftliche Mitarbeiterin am Institut für Forschung und Lehre für die Primarstufe an der Westfälischen-Wilhelms-Universität Münster im Bereich Lehrerausbildung/Theorie-Praxis-Transfer. Vortrags- und Seminartätigkeit, Schulbuchautorin, Autorin pädagogischer und didaktischer Fachliteratur.

Dr. Edelgard Moers – Fachleiterin für Ev. Religion am Studienseminar für das Lehramt in Bocholt. Schulbuchautorin, Autorin pädagogischer und didaktischer Fachliteratur.

Gedruckt auf umweltbewusst gefertigtem, chlorfrei gebleichtem und alterungsbeständigem Papier.

1. Auflage 2006
© Persen Verlag GmbH, Buxtehude

5. Auflage 2012
© Persen Verlag
AAP Lehrerfachverlage GmbH, Buxtehude
Alle Rechte vorbehalten.

Cover: Ulrike Bahl
Illustrationen: Ulrike Bahl
Satz: MouseDesign Medien AG, Zeven

ISBN 978-3-8344-4288-8

www.persen.de

Inhaltsverzeichnis

Vorwort

Diese Ausgabe der Reihe „Bergedorfer Unterrichtsideen" hat das Thema „Psalmen gestalten, erleben und verstehen".

Psalmen sind bedeutsame Texte der Bibel und werden im Unterricht, im Gottesdienst und zu Feiern wie Taufe und Konfirmation, aber auch bei Todesfällen gern verwendet. Für alle Gefühlssituationen findet sich ein passendes Wort, das Mut macht, Kraft gibt, Trost spendet und Hoffnung verbreitet.

Das besondere Grundanliegen dieses Buches ist es, die Psalmen neu zu entdecken und sie als Unterrichtsgegenstand im Sinne des ganzheitlichen Lernens in einem existenzerschließenden Religionsunterricht zu erleben, damit sie zur eigenen Sache der Kinder werden können.

Die Kinder können Psalmen durch Formen und Farben, durch Klänge, durch Bewegungen und durch eigene Texte kreativ gestalten. Erst wenn sie Psalmen „fassen" können, haben sie den Inhalt erfasst, erst wenn sie Psalmen be-„greifen" können, haben sie den Inhalt begriffen, erst wenn sie Psalmen „berührt" haben, können sie sich vom Inhalt berühren und anrühren lassen.

Das Buch will Lehrpersonen Anregungen geben, wie Psalmen auf vielfältige Art und Weise von Kindern nachempfunden, erlebt und kreativ ausgestaltet werden können. Psalmen rücken in den Erfahrungshorizont der Kinder und tragen nicht zuletzt durch ihre starken bild- und symbolhaften Aussagen zur positiven Persönlichkeitsentwicklung bei.

Wir haben exemplarisch verschiedene Unterrichtsvorhaben zusammengestellt, die vom 2. bis 6. Schuljahr durchgeführt werden können. Karin Heuermann-Spittler und Gabriele Tscherpel haben uns für diesen Band jeweils einen Beitrag zur Verfügung gestellt. Wir danken ihnen herzlich dafür.

Die einzelnen Unterrichtsvorhaben können von den Lehrpersonen je nach eigener Motivation und Interessenlage der Kinder auch für jahrgangsübergreifende Lerngruppen ausgewählt werden.

Edelgard Moers
Ulrike Itze
(Autorinnen)

Ulrike Itze, Edelgard Moers

Einleitung

Ganzheitliche Begegnung von Kindern mit Psalmen im Unterricht

Ganzheitliches Lernen nimmt das Kind in seinem Kindsein ernst und ermöglicht ihm nicht nur eine Erweiterung seines Wissens, sondern auch eine positive Entwicklung seiner Persönlichkeit. Die Kinder reflektieren ihre eigenen (Lern-)Erlebnisse und werden sich ihres eigenen Lern- und Lebensweges mit den unterschiedlichen Stationen bewusst. Die Lehrperson kommt dem einzelnen Kind auf die Spur, nimmt es in seinem Kindsein ernst und begleitet es in seinem Fragen und in seinem Staunen. Jedes Kind kann sich seinem Lernvermögen und

seinem Fähigkeitspotential entsprechend den Zugang zu den einzelnen Inhalten und zum christlichen Glauben erschließen. Die Lehrperson bietet ihm dabei vielfältige Inhalte, Materialien und Methoden an und hilft ihm, dass auch schulisches Lernen zu seiner eigenen Sache werden kann.

Religionsunterricht ermöglicht den Kindern **vielfältige Lernchancen**, nicht nur auf der kognitiven oder sprachlichen, sondern insbesondere auf der emotionalen, personalen, sozialen, psychomotorischen, handelnden, religiösen und christlichen Ebene. Folgende Ebenen werden bei der Erschließung biblischer Texte, wozu natürlich auch die Psalmen gehören, angesprochen:

	kognitive Ebene
	sprachliche Ebene
	emotionale Ebene
Lerngegenstand:	personale Ebene
biblische Texte,	soziale Ebene
hier: Psalmen	handelnde Ebene
	psychomotorische Ebene
	religiöse Ebene
	christliche Ebene

Lerngegenstand: biblische Texte, hier: Psalmen ——— [kognitive Ebene / sprachliche Ebene / emotionale Ebene / personale Ebene / soziale Ebene / handelnde Ebene / psychomotorische Ebene / religiöse Ebene / christliche Ebene] ——— **Kinder** mit ihren Innen- und Außenwelten

Das Kind erwirbt einerseits abfragbares Grundwissen und kann zu nachprüfbaren Ergebnissen kommen. Es lernt andererseits, die Inhalte auf sein Leben zu beziehen und daran seine Verhaltensmaßstäbe auszubilden. Es wird durch die Unterrichtsarbeit befähigt, sich in die Situation anderer hineinzuversetzen, seine eigenen Vorstellungen zurückzunehmen und Rücksicht zu üben. Es findet in der Schule Orientierungshilfen für seine individuelle Lebensgestaltung.

Jedes Kind bringt seine ureigenen persönlichen Erfahrungen und sein individuelles Wissen über „Gott und die Welt" mit in den Unterricht. Es hat das Recht, dass es in seinem Kindsein ernst und angenommen wird. Der Unterricht schafft die Voraussetzungen für eine notwendige Verständigung in einer multikulturellen Gesellschaft und eröffnet dem Kind christlich verantwortete Hoffnungsperspektiven bei der Suche nach Orientierung und Sinnstiftung. Bildung und Lernen in der Grundschule werden stets ganzheitlich verstanden. Im „Haus des Lernens und Lebens"[1] werden Lebens- und Sinnbestim-

mung und damit eine unverzichtbare religiöse Dimension des Lernens mitbedacht. Um Chancenungleichheit abzubauen, die durch unterschiedliche religiöse Sozialisation bedingt ist, kann das einzelne Kind seine Leistungen entsprechend seiner besonderen Neigungen zeigen …

auf der kognitiven Ebene (Ziel: Kognitive Kompetenz oder Sachkompetenz):
… Wissen erwerben, Zusammenhänge verstehen und Gedanken anderer folgen können, die in Inhalten verwurzelten Erfahrungen präsent und wirksam werden lassen, sich etwas vor Augen führen und dabei verweilen, Mehrdeutigkeit aushalten, Lernprozesse durch Verlangsamung intensivieren

auf der sprachlichen Ebene (Ziel: Sprachkompetenz, einschl. Lesekompetenz, Schreibkompetenz):
… die Texte mit den dahinter stehenden Erfahrungen wahrnehmen, die eigenen Erfahrungen in den Texten entdecken, die Erfahrungen so-

wie die Texte mit den entwicklungsbedingten Möglichkeiten verstehen, die Verstehensmöglichkeiten durch die Auseinandersetzung mit den Erfahrungen und der Sache selbst erweitern, Lesekompetenz und Schreibkompetenz weiterentwickeln, sich Inhalte vergegenwärtigen, den eigenen Lernprozess überdenken sowie reflektieren wie auch evaluieren, Gesprächsfähigkeit weiterentwickeln, „über Gott und die Welt" diszipliniert und interessiert reden können[2]

auf der sozialen Ebene (Ziel: Sozialkompetenz, in Verbindung mit Sprachkompetenz bzw. Kommunikationskompetenz):
... Problemlösungen nennen, helfen, andere unterstützen, zusammenarbeiten, sich anderen zuwenden, anderen helfen, soziale Verantwortung entwickeln, Solidarität und Mitgefühl ausbilden, zuhören, begründen, argumentieren, das Fragen lernen, die „richtigen" Fragen stellen, das Fragen selbst hinterfragen, in und im Fragen lernen, Fragen aushalten können, Kommunikation und Dialogfähigkeit entwickeln, diskutieren, kooperieren, Ergebnisse präsentieren[3]

auf der emotionalen Ebene (Ziel: Emotionale Kompetenz):
... einen Standpunkt vertreten, Freude an Inhalt und Methode haben, Freude an biblischen Texten und an kreativen Begegnungsformen haben, Identifikation und Engagement entwickeln, Wertehaltung aufbauen, Unrecht wahrnehmen und beim Namen nennen, Leiden anderer Menschen in der Erinnerung und im Mitleid wachhalten, Anteil nehmen, empathiefähig werden, Interesse an Vorgängen und Zusammenhängen zeigen, Selbstachtung und Fremdachtung entwickeln, Status und Ansehen anstreben, frei werden für Frieden und Gerechtigkeit, Werteverhalten aufbauen, Lesemotivation entwickeln, von Inhalten angerührt sein, eigene innere Bilder entfalten, Imaginationskraft entwickeln[4]

auf der personalen Ebene (Ziel: Personale Kompetenz oder Selbstkompetenz):
... Selbstbewusstsein, Selbstvertrauen, Selbsterkenntnis, Selbstwertgefühl, Selbstentfaltung, Selbstständigkeit, Selbstdisziplin und Selbstbeherrschung sowie Anstrengungsbereitschaft entwickeln, sich auf Neues einstellen können und wollen, kreative Kräfte schulen und entfalten, Ordnung halten, Freiheit und Grenzen erkennen und nutzen, Bereitschaft zu Leistung entwickeln, Konzentration weiter vertiefen, eigene Ängste erkennen und eingestehen, Vertrauen in eigene Fähigkeiten und kindliche Persönlichkeit entwickeln, Identität finden, eigene Meinung bilden und eigenen Standpunkt vertreten, Mitsprache praktizieren, moralisches Verständnis zur mündigen Handlungsfähigkeit entwickeln[5]

auf der handelnden Ebene (Ziel: Handlungskompetenz, Methodenkompetenz):
... zielgerichtet aktiv werden, seine Einzelleistung in ein gemeinsames Handlungsprodukt einbringen, sich für eine Sache engagieren, in der Anschauung Zusammenhänge ausprobieren, Erfahrungen mit Gegenständen machen, Lernstrategien als Handwerkszeug kennen und anwenden, Vorwissen sammeln, Informationen entnehmen, verarbeiten und darstellen, Material sammeln, Material ordnen, Karteikarten und Bücher richtig handhaben, Material aus dem Regal oder Kasten nehmen und wieder richtig einräumen, eigene Bilderbücher zusammenheften, Bilder und Texte sammeln und ordnen, sich selbst und sein Arbeitsmaterial organisieren, Hefte und Mappen sorgfältig führen[6]

auf der psychomotorischen Ebene (Ziel: Wahrnehmungs-, Ausdrucks- und Darstellungskompetenz):
... Wahrnehmungsfähigkeit aller Sinne weiterentwickeln, innere Bilder kreativ zum Ausdruck bringen, die Handlung spielerisch umsetzen, im Rollenspiel handeln, Problemlösungen spielen, Bewegungen koordinieren, automatisieren, nachmachen, nachahmen, Ausdrucksfähigkeit entwickeln, Mimik und Gestik bewusst einsetzen, im Spiel Situationen nachempfinden, die eigene Person einbringen, Korrelation zwischen Körperhaltung und innerer Haltung entdecken, Einklang zwischen Motorik und Selbstbewusstsein herstellen, aufrechten Gang stärken, Rhythmusbewusstsein und Körpergefühl erleben und erfahren sowie weiterentwickeln[7]

auf der religiösen Ebene (Ziel: Symbolkompetenz):
... Symbolverständnis entwickeln, Deutungsfähigkeit anbahnen, Sachverhalte und Bilder deuten, mehrdimensionales und symbolisches Wahrnehmen und Denken entwickeln, bildhafte Sprache verstehen und anwenden, ästhetische Erfahrungen machen, Staunen können, das eigene Leben und die Welt mit allen Sinnen

wahrnehmen und erkennen, die in Geschichten enthaltenen Lebens- und Weltdeutungen mit den eigenen Lebenserfahrungen ins Gespräch bringen, Rücksichtnahme und Hilfsbereitschaft praktizieren, Wertebewusstsein entwickeln, Achtung vor der Natur entwickeln, mehrschichtiges und erfahrungsbezogenes Verstehen religiöser Sprache, Religion und religiöse Bedeutsamkeit im Zusammenhang der eigenen Lebensgeschichte entdecken, eigenen religiösen Vorstellungen trauen und sie mit Glaubensüberlieferungen ins Spiel bringen, eigene persönliche religiöse Entwicklung wahrnehmen, gestalten und bedenken, erste Schritte zu verantworteten Haltungen und Entscheidungen in Bezug auf Religion und Glaube gehen, sich die Wahrhaftigkeit der Fragen bewusst machen, Mut zur Wirklichkeit haben, Ernsthaftigkeit des sozialen Engagements entwickeln, Suche nach den Spuren Gottes vornehmen, Erfahrungen von Freude und Glück machen[8], „nach Gott, dem Ursprung der Welt, nach dem Sinn, der Endlichkeit und dem Ziel menschlichen Daseins fragen"[9]

auf der christlichen Ebene (Ziel: Symbolkompetenz):
… christliche Grundsätze auf das eigene Leben und Handeln übertragen, Wirkung von Inhalten auf Verhaltensweisen erkennen und ableiten, Glaubenserfahrungen und Verhaltensweisen verknüpfen, ein eigenes Gottesbild (über eine naive Vorstellung hinaus) entwickeln, sich Gott als Unvorstellbares vorstellen, sich Gott als Unabbildbares „einbilden", Gott als Unaussprechbares anreden, Gott in radikalen und leidenschaftlichen Fragen denken, Gott als Frage erfahren, sich von Gott in Worten des Trostes anreden lassen[10], „die Botschaft und Wirklichkeit des Christentums verstehen und darüber hinaus auch über andere bedeutsame Religionen und Weltanschauungen Bescheid wissen"[11]

Die Grundschule muss „auf die volle Entfaltung der Persönlichkeit, der Begabungen und der geistigen und körperlichen Fähigkeiten des Kindes" gerichtet sein, „auf die Vorbereitung des Kindes auf ein verantwortungsbewusstes Leben in einer freien Gesellschaft", heißt es im Artikel 29 der UN-Konvention über die Rechte des Kindes. Bei der Planung des Religionsunterrichts sollten im Sinne des ganzheitlichen Lernens immer möglichst viele Ebenen des Lernens mitbedacht werden. Das gilt insbesondere für die Arbeit mit Psalmen und kann dort auch besonders gut umgesetzt werden.

Psalmen im Unterricht der Grundschule

Die Arbeit mit Psalmen ist eine besondere Herausforderung für die Arbeit in der Schule und ermöglicht den Kindern vielfältige ästhetische Erlebnisse, eine Auseinandersetzung mit ihren eigenen Gefühlen und Gedanken, eine individuelle und kreative Gestaltung von Grunderfahrungen, eine Erweiterung des Gottesbildes sowie eine positive Entwicklung ihrer Persönlichkeit. In jede Unterrichtsreihe kann ein entsprechendes Psalmwort einbezogen werden, da es im Religionsunterricht immer um existenzielle Grunderfahrungen von Menschen geht, die auf ihrem Lebensweg unterwegs sind und sich von Gott begleitet und beschützt wissen.

Gerade Psalmworte bieten sich im Religionsunterricht als Mittler zur Förderung der Symbolfähigkeit an, ohne belehren zu wollen, z. B. zur Förderung der Wegesymbolik:

Lernerlebnisse	Psalmworte als Mittler	Lernerfahrungen Symbolsprache
Konkrete Wege gehen und unterschiedliche Stationen erkennen	Dein Wort ist meines Fußes Leuchte und ein Licht auf meinem Weg. (Ps 119, 105)	Weg als Lebensweg mit unterschiedlichen Stationen verstehen und sich von Gott begleitet wissen

Aufbau des Psalters

Die 150 Psalmen sind Loblieder des Alten Testaments der Bibel. Das Wort „Psalmen" stammt aus dem Hebräischen (תהילם = tehillim) und heißt übersetzt Lobgesänge oder Loblieder. Auch im Griechischen (ψαλμοί = psalmoi) bezeichnet es den Lobpreis, den Lobgesang oder das Loblied. Das Buch der Psalmen wird auch als Psalter bezeichnet. Der Psalter ist heute in fünf Bücher eingeteilt: 1–41; 42–72; 73–89; 90–106; 107–150. Die Sammlung der Psalmen ist erst in nachexilischer Zeit entstanden. Einige früher selbstständige Sammlungen lassen sich noch erkennen: z. B. die Davidpsalmen 3–41 und 51–72.

Das Alter der Psalmen ist sehr schwer festzustellen und kann auf 2500 bis 3000 Jahre geschätzt werden. Viele Psalmen sind schon vor dem Exil entstanden (z. B. die Königspsalmen).

Psalmen sind Lieder, Gebete oder Gedichte. „In den Psalmen des Alten Testaments ist uns ein *Sprachgebilde* bewahrt, das in seinen Grundelementen in die Frühzeit des Menschengeschlechts zurückreicht, das seine Prägung in der Geschichte des israelitischen Volkes erhielt und das durch die Aufnahme in die Bibel der Christenheit durch die Geschichte der christlichen Kirchen bis in die Gegenwart lebt, in den jüdischen und in den christlichen Gottesdiensten, in der persönlichen Frömmigkeit und darüber hin-

Psalm-Kategorien		Beispiele	
Klagepsalmen *(umfassen insgesamt 90 von 150 Psalmen!)*	des Einzelnen *(30 Prozent aller Psalmen)*	6: 13: 22: 51: 77: 102:	O Gott, errette mein Leben! Wie lange! Mein Gott, warum hast du mich verlassen? Gott, sei mir gnädig! Ich denke an Gott Gebet eines Elenden, wenn er verzagt ist
	des Volkes	5: 80:	Erneuere unsere Tage Du Hirte Israels!
Vertrauenspsalmen	des Einzelnen	4: 23: 27: 62: 73:	Ich liege und schlafe ganz in Frieden Gott ist mein Hirte / Du bist bei mir Gott ist mein Licht und mein Heil Meine Seele ist stille zu Gott Wenn ich nur dich habe
	des Volkes	123: 124: 126:	Ein Wallfahrtslied Das Netz ist zerrissen Die mit Tränen säen, werden mit Jubel ernten
Lob- bzw. Dankpsalmen	des Einzelnen	30: 31: 40: 66: 116:	Du hast mich aus der Tiefe gezogen Wie groß ist deine Güte! Er hörte mein Schreien! Ich bezahle dir mein Gelübde Stricke des Todes hatten mich umfangen
	des Volkes (Hymnus)	19: 29: 33: 66: 103: 104: 139: 145: 148:	Die Himmel rühmen Bringet Gott! Sein Wort – sein Walten Durch Feuer und Wasser Lobet Gott, meine Seele! Pracht und Hoheit sind dein Gewand Du kennst mich Deine Wunder will ich besingen Vom Himmel her – von der Erde her
Königspsalmen Zionslieder Segenspsalmen Weisheitspsalmen Liturgische Psalmen		1: 46: 72: 118: 121:	Wohl dem Mann, 119: Dein Gesetz Gott ist unsere Zuflucht (von Salomo) Dies ist der Tag, den Gott gemacht! Ich hebe meine Augen auf zu den Bergen

Die Gattungen nach Westermann

Itze/Moers: Psalmen
© Persen Verlag, Buxtehude

aus als ein kostbares Gut sprachlicher Kultur."[12] Psalmen spiegeln jahrtausendealte menschliche Grunderfahrungen und Gefühlsstimmungen wider und bringen sie in einer bildhaft verdichteten Sprache zum Ausdruck. Die beiden zentralen Grundelemente menschlichen Daseins lassen sich in den Psalmen wiederfinden: Es sind *Klage und Lob*, dazu kommen *Dank, Vertrauen und Bitte*.

Das Buch der Psalmen ist das Gebetbuch der Juden und der frühen Christen. Heute sind die Psalmen noch liturgisch im Gebrauch in der jüdischen Synagoge, im Stundengebet der katholischen und anglikanischen Kirche und in gregorianischen Gesängen, manchmal auch als gemeinsames Gebet oder Wechselgebet in protestantischen Kirchen. Viele Psalmen sind als Kirchenlieder vertont.
Die Bilderwelt der Psalmen ist sehr ausgeprägt. Aber es sind meist nicht mehr die Bilder unserer Zeit, mit denen die Psalmen Freude, Dank, Trauer und Bedrohung ausdrücken, und es schwingen sehr oft tiefe Gefühle und noch andere Erfahrungen mit.

Intensiver Ausdruck von Gefühlen und plötzlicher Stimmungsumschwung in den Psalmen sind auffallend und erscheinen dem heutigen Betenden in Mitteleuropa fremd. Die Psychologie zeigt aber, dass es besser ist, sich Gefühle bewusst zu machen und sie auszusprechen, als sie zu verdrängen und im Unterbewusstsein zu verstecken. So bringt der Psalmbeter alle Gedanken und Gefühle vor Gott. Er ist, wie er ist, und nicht wie er sein sollte. Er bringt sich ein. Der Betende bleibt nicht bei sich selbst und seinen Gefühlen stehen, sondern wird weitergeführt.

Die hebräische Sprache verwendet sehr viele Bilder. Dies zeigt sich besonders in der Dichtkunst, wo verdichtete Erfahrungen zum Ausdruck gebracht werden. Die Bilder sind bunt wie das Leben und stammen z. B. aus der Jagd (Feinde legen Schlingen, spannen Netze, stellen Fallen: Ps 57,7; 124,7; 140,6), der Kriegsführung (Schwert schärfen: Ps 7,13; Kinder sind wie Pfeile: Ps 127,4; eindringen wie ein Heer: Ps 27,2 f.), dem Königtum (Thronerhebung: Ps 101; 110), vom Tempel mit seiner vielfältigen Symbolik (Ps 84; 122; 132) oder aus anderen Lebensbereichen.

Es gibt es eine Fülle von Bildern, die die Feinde des Betenden und der Gemeinschaft darstellen. Häufig werden sie als wilde Tiere bezeichnet, wie z. B. „Löwe" (Ps 10,9 f.; 17,12; 58,7); „Stier", „Büffel" (Ps 22,13.22); „Schlange" (Ps 58,5; 91,13).

Jede Situation aus der Realität kann zum Bild für den Betenden werden, z. B. Wasser als Zerstörer (Ps 104,5-9) oder als Lebensspender (Ps 104,10-18); es wird für die Ägypter zum Verderben, für die Israeliten der Anfang eines neuen Lebens (Ex 15,1.5; Ps 114,7 f.; 77,17-21). Jeder Mensch entwickelt sein eigenes Gottesbild und dazu sind eigene innere Bilder notwendig. Doch von Gott kann immer nur in Vergleichen und Bildern gesprochen werden (d. h. nicht: „Gott ist …" , sondern: „Gott ist wie …"). Wenn es auch heißt: „Du sollst dir kein Bild machen" (Ex 20,4), so greift die Bibel zu Metaphern, wenn sie von Gott spricht. Nie aber erhebt ein einziges Bild den Anspruch, alles von Gott auszusagen, sondern es gibt viele solcher bildhaften Vergleiche. Jahwe übersteigt alles (vgl. 1 Kön 8,27; Ps 8,2.10). Jahwe ist Hirte, Licht, Schild, Fels, Burg, Gastgeber, Krieger, der für das Volk Israel und jeden einzelnen Menschen kämpft.

Zusammenfassend: Existenzerschließender Religionsunterricht

Alle für dieses Buch ausgewählten Unterrichtsvorhaben zeigen, wie Kinder im Sinne des existenzerschließenden Unterrichts[13] auf unterschiedlichen Ebenen in ihren Kompetenzen gefördert werden können. Auf Psalmen bezogen bedeutet dies: Sie gestalten Psalmen, damit sie Inhalte und Begriffe erleben können. Die Inhalte der Texte werden so zur Sache der Schüler. Erst dann sind sie in der Lage, eigene innere Bilder und Gedanken zu reflektieren und im Blick auf das Psalmwort zu verstehen.

Psalmworte im Religionsunterricht werden so zu Mittlern, die den Kindern helfen, die eigene Existenz zu verstehen. Psalmworte erschließen den Kindern ihre Existenz wie z. B. in den Gefühlsdimensionen von Klage und Lob, von Angst und Mut.

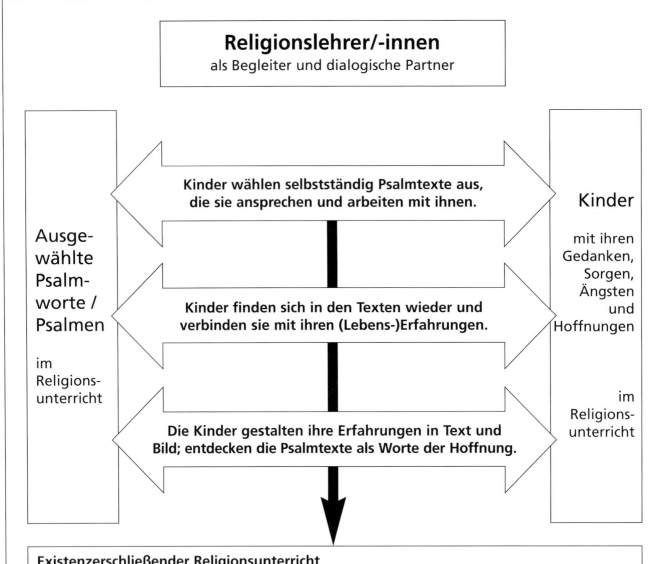

Existenzerschließender Religionsunterricht
- *heißt:* Lernen durch Anknüpfungen an die Erfahrungen der Kinder, Aktualisierung und Erweiterung der Erfahrungen durch Verstehensprozesse – ausgelöst durch Psalmtexte etc.
- *ermöglicht:* ganzheitliche Wirklichkeitserschließung, Entwicklung einer Sprache für tragfähige Hoffnungsbilder

[1] Bildungskommission NRW 1995, S. 86 ff.
[2] Vgl. Klippert 1996, S. 36 und Oberthür 1998
[3] Vgl. Klafki 1985, S. 172 ff. und Klippert 1996, S. 36
[4] Vgl. Klippert 1996, S. 35 und Oberthür 1998
[5] Vgl. Roth 1971, S. 388
[6] Vgl. Bruner 1974, S. 202 ff.
[7] Vgl. Eggert 1995, S. 9 ff.
[8] Vgl. Oberthür 1998
[9] Ministerium für Schule und Weiterbildung des Landes Nordrhein-Westfalen 1983, S. 13
[10] Vgl. Oberthür 1998
[11] Ministerium für Schule und Weiterbildung des Landes Nordrhein-Westfalen 1983, S. 13
[12] Westermann 1984, S. 11
[13] Zur Konzeption des existenzerschließenden Religionsunterrichts vgl. Itze 2007

Itze/Moers: Psalmen
© Persen Verlag, Buxtehude

Ulrike Itze, Edelgard Moers

Sachbezogene Begegnung mit Psalmen (3. Schuljahr)

Ab dem dritten Schuljahr ist es sinnvoll, dass sich die Schüler auch sachbezogen mit den Psalmen auseinandersetzen.

Da dies aber nicht losgelöst von den Inhalten der Psalmen geschehen sollte, wird an dieser Stelle keine komplett ausgearbeitete Unterrichtseinheit zur sachbezogenen Begegnung mit Psalmen vorgestellt, sondern es werden Kopiervorlagen und Hinweise angeboten, die in die anschließend ausgearbeiteten Unterrichtsvorhaben integriert bzw. ihnen vorangestellt werden können.

Arbeitsblatt: Was sind Psalmen? (M 1)

Woher stammt der Begriff „Psalm", was bedeutet er? Woher kommen die Psalmen, wer hat sie geschrieben? Diese Fragen sollten von den Schülern bearbeitet werden.

Durch das Arbeitsblatt erhalten die Kinder zentrale Informationen zum Buch der Psalmen:

1. Sie erfahren, dass das Wort „Psalmen" aus der hebräischen Sprache stammt und dort „tehillim" heißt (übersetzt: Loblieder). Die Kinder lernen anhand dieses Wortes, dass in der hebräischen Sprache die Wörter von rechts nach links und die Bücher von hinten nach vorne gelesen werden – also genau entgegengesetzt zu unserem in Deutschland vereinbarten Lesesystem. Zusätzlich kann den Kindern erklärt werden, dass die Konsonanten nebeneinander zu einem Wort zusammengesetzt werden, die Vokale dagegen in Form von Punkten oder Strichen unter dem Wort stehen.

2. Das Wort in der griechischen Sprache heißt übersetzt „psalmoi" (übersetzt: Loblieder). Die Kinder können das Wort ‚Psalmen' im Klang des griechischen Wortes wiederfinden. Das griechische Lesesystem ist mit dem deutschen Lesesystem verwandt: Die Leserichtung ist von links nach rechts; Konsonanten und Vokale sind in das Wort integriert.

3. Die Psalmen sind ca. 2500 Jahre alt. Sie wurden in hebräischer Schrift aufgeschrieben, wobei auch diese mehrere verschiedene Stadien bis zum heutigen hebräischen Schriftbild durchlief. Zudem wurden sie nicht auf Papier, sondern auf Pergamentrollen geschrieben, da diese besser konserviert werden konnten.

4. Das Psalmenbuch – so wie es sich redaktionsgeschichtlich heute darstellt – besteht aus 150 Psalmen. Das Psalmenbuch ist ein wichtiger Teil des Alten Testaments, in dem das Verhältnis des Menschen – auch in seinem Auf und Ab im Verlauf seiner Geschichte – mit seinem Gott beschrieben wird.

Arbeitsblatt: Psalmen zuordnen (M 2)

Auf diesem Arbeitsblatt ordnen die Schüler ausgewählte Psalmworte den verschiedenen Kategorien (Klage, Lob …) zu, um sich so die unterschiedlichen Grunderfahrungen der Psalmbeter bewusst zu machen. Wird im weiteren Verlauf des Religionsunterrichts eine Psalmwort-Kartei zusammengestellt und mit ihr gearbeitet, ist es wichtig, dass die Schüler die verschiedenen Kategorien kennen.

Lieder (M 3/M 4)

Zudem finden sich in dem Materialteil dieses Kapitels zwei Lieder (M 3/M 4), die ebenfalls an verschiedenen Stellen der Erarbeitung von Psalmen eingesetzt werden können.

Psalmwort-Kartei (S. 16 ff.)

Für den Unterricht in der Grundschule bieten sich neben der Erarbeitung ganzer Psalmen (z. B. Psalm 23) auch gerade einzelne Psalmworte (d. h. wenige Zeilen eines Psalms) an, um die Kinder zu Beginn der Arbeit mit Psalmen nicht zu überfordern. Diese einzelnen Worte können und sollten selbstverständlich auch im Kontext des ganzen Psalms bedacht werden. Eine Sammlung von Psalmworten findet sich im Materialteil dieses Kapitels. Es ist sinnvoll, aus diesen Psalmworten eine Kartei anzulegen, die zu unterschiedlichen Anlässen eingesetzt werden kann:

- Zu jedem Thema im Religionsunterricht kann jeweils ein passendes Psalmwort ausgesucht werden.
- Für jeden Monat kann ein Psalmwort als Leitgedanke oder als Teil eines eigenen Gebetes im Religionsunterricht aufgenommen werden.
- Aus dem Karteikasten (oder aus einer Vorauswahl) kann jedes Kind ein Psalmwort auswählen, das es besonders anspricht, und es kreativ mit Ton oder Knetmasse gestalten, ein Bild malen, eine Collage oder ein Legebild erstellen (s. Kap. „Individuelle und kreative Begegnung mit einem Psalmwort", S. 28 ff.).

- Dieses Psalmwort kann das Kind dann einer der Grunderfahrungen wie Lob, Klage, Bitte, Dank und Vertrauen zuordnen und diese Stimmung reflektieren (s. auch **M 2**).

Psalmen, diese oft schon zwei- bis dreitausend Jahre alten Verse, scheinen – dies hat Baldermann[1] eindrücklich belegt – Kinder und Jugendliche unmittelbar und elementar anzusprechen. So werden in den Klagepsalmen viele Tabus gebrochen: Die Angst erhält z. B. eine Sprache; darüber hinaus erhält sie in Gott einen Adressaten („Aus der Tiefe rufe ich zu dir"), was als erster Schritt im Herausgehen aus dem empfundenen „Gefängnis der Angst" und als ein erster Umgang mit ihr verstanden werden kann.

Die Bilder, die in den Psalmworten zum Ausdruck gebracht werden, haben wichtige Funktionen. Der Mensch sieht sich wie in einem Spiegel, erkennt sich in vielen Bildern wieder oder entdeckt neue. Er wird sowohl zum Denken wie auch zum Handeln aufgefordert, ihm wird Mut gemacht, Kraft verliehen, und er wird getröstet.

Während für die Menschen damals Gott ganz selbstverständlich Adressat ihres Lobes, ihres Vertrauens und ihrer Klage war, schwingt dies heute nicht unbedingt mit. Erfahrungsgemäß bleiben viele noch auf der Ebene ihrer anthropologischen Erfahrungen und verbinden das „Du" mit Eltern oder Freunden. Während es in der Psalmwort-Kartei von Rainer Oberthür und Alois Mayer[2] bei dem offenen „Du" bleibt, wird in vielen Psalmen Gott direkt angesprochen. Die Lehrperson kann beim Blick auf die Lerngruppe selbst entscheiden, wann sie das „Du" durch „Gott" ersetzt. Das Wort „Herr" haben wir bewusst nicht verwendet.

---

[1] z. B. in: Baldermann 2004[7]
[2] Oberthür; Mayer 1995

Itze/Moers: Psalmen
© Persen Verlag, Buxtehude

Setze folgende Wörter richtig ein.

Loblieder   hebräischer Schrift   150   Alten Testament

Pergamentrollen   Loblieder   2500

Dieses ist ein hebräisches Wort.
Es wird von rechts nach links gelesen.
Mit unseren lateinischen Buchstaben wird es
Tehellim geschrieben.

Übersetzt heißt es:

_____

Dieses ist ein griechisches Wort.
Es wird von links nach rechts gelesen
und bedeutet das gleiche wie Tehellim.
Mit unseren lateinischen Buchstaben
wird es **Psalmoi** geschrieben.

Übersetzt heißt es:

_____

Die Psalmen sind vor _____ Jahren entstanden.

Damals wurden sie in _____ und auf

_____ aufgeschrieben.

Es gibt _____ Psalmen.

Sie sind zu lesen im _____ .

Psalmen geben uns eine Sprache, mit der wir zu Gott reden können.

1. Suche dir ein Psalmwort aus.

2. Ordne dein Psalmwort einem der 5 Begriffe zu und schreibe es in das jeweilige Feld.

3. Male den Hintergrund in einer Farbe an, die zu der Stimmung deines Psalmwortes passt und gestalte es mit deinen Ideen.

4. Suche weitere Psalmworte aus, die zu den anderen 4 Begriffen passen. Schreibe sie in die Felder und gestalte sie mit Farben und Formen.

Lob	
Klage	
Bitte	
Dank	
Vertrauen	

Itze/Moers: Psalmen
© Persen Verlag, Buxtehude

Du bist mein Licht

Text: Edelgard Moers, Musik: Martin Buntrock

2. Du bist auf meinem Weg das Licht
   und immer mein Begleiter.
   Mit dir da graut es mir auch nicht,
   du führst mich sicher weiter.
   Du bist auf meinem Weg das Licht
   und immer mein Begleiter.

3. Du bist auf meinem Weg das Licht,
   bei dir bin ich geborgen.
   Du gibst mir Kraft und Zuversicht,
   und nimmst mir meine Sorgen.
   Du bist auf meinem Weg das Licht,
   bei dir bin ich geborgen.

Danket ihm

Text: Edelgard Moers, Musik: Martin Buntrock

2. Gott, deine Werke sind so groß. Die Erde ist voll deiner Güter.
   Gott, deine Werke sind so groß. Die Erde ist voll deiner Güter.
   Preiset seine …

Mit meinem Gott
kann ich über Mauern springen.

Psalm 22,2

Mein Gott, mein Gott,
warum hast du mich verlassen?

Itze/Moers: Psalmen
© Persen Verlag, Buxtehude

Psalm 23,1

Gott ist mein Hirte,
mir wird nichts mangeln.

Psalm 23,2

Er weidet mich auf einer grünen Aue
und führet mich zum frischen Wasser.

Er erquicket meine Seele.
Er führet mich auf rechter Straße
um seines Namens willen.

Psalm 23,4

Und ob ich schon wanderte
im finstern Tal,
fürchte ich kein Unglück;
denn du bist bei mir,
dein Stecken und Stab trösten mich.

Itze/Moers: Psalmen
© Persen Verlag, Buxtehude

Psalm 23,5

Du bereitest vor mir einen Tisch
im Angesicht meiner Feinde.
Du salbest mein Haupt mit Öl
und schenkest mir voll ein.

Psalm 23,6

Gutes und Barmherzigkeit
werden mir folgen
mein Leben lang,
und ich werde bleiben
im Hause Gottes immerdar.

Gott ist mein Hirte,
mir wird nichts mangeln.
Er weidet mich auf einer grünen Aue
und führet mich zum frischen Wasser.
Er erquicket meine Seele.
Er führet mich auf rechter Straße
um seines Namens willen.
Und ob ich schon wanderte im finstern Tal,
fürchte ich kein Unglück;
denn du bist bei mir,
dein Stecken und Stab trösten mich.
Du bereitest vor mir einen Tisch
im Angesicht meiner Feinde.
Du salbest mein Haupt mit Öl
und schenkest mir voll ein.
Gutes und Barmherzigkeit
werden mir folgen mein Leben lang,
und ich werde bleiben
im Hause Gottes immerdar.

Psalm 27,1

Gott ist mein Licht
und mein Heil;
vor wem sollte ich mich fürchten?
Gott ist meines Lebens Kraft;
vor wem sollte mir grauen?

Itze/Moers: Psalmen
© Persen Verlag, Buxtehude

Psalm 31,13

Ich bin wie ein
zerbrochenes Gefäß.

Psalm 31,16a

Meine Zeit steht in deinen Händen.
Errette mich von der Hand
meiner Feinde und von denen,
die mich verfolgen.

Meine Seele ist stille zu Gott,
der mir hilft.
Denn er ist mein Fels, meine Hilfe,
mein Schutz, dass ich gewiss nicht fallen werde.

Psalm 63,7

Wenn ich mich ins Bett lege,
so denke ich an dich,
wenn ich wach liege,
sinne ich über dich nach.

Itze/Moers: Psalmen
© Persen Verlag, Buxtehude

Gott, hilf mir!
Denn das Wasser geht mir bis an die Kehle.
Ich versinke in tiefem Schlamm,
wo kein Grund ist;
ich bin in tiefe Wasser geraten,
und die Flut will mich ersäufen.

Psalm 91,1.2

Wer unter dem Schirm des Höchsten sitzt
und unter dem Schatten des Allmächtigen bleibt,
der spricht zu Gott:
Meine Zuversicht und meine Burg,
mein Gott, auf den ich hoffe.

Denn er hat seinen Engeln befohlen,
dass sie dich behüten auf all deinen Wegen,
dass sie dich auf Händen tragen
und du deinen Fuß nicht an einen Stein stoßest.

Psalm 104,24

Gott, wie sind deine Werke
so groß und viel!
Du hast sie alle weise geordnet,
und die Erde ist voll deiner Güter.

Itze/Moers: Psalmen
© Persen Verlag, Buxtehude

Halleluja! Danket Gott;
denn er ist freundlich,
und seine Güte
währet ewiglich.

Psalm 106,2

Wer kann die großen Taten Gottes alle erzählen
und sein Lob genug verkündigen?

Deine Gnade reicht,
so weit der Himmel ist,
und deine Treue,
so weit die Wolken gehen.

Psalm 119,105

Dein Wort ist meines Fußes Leuchte
und ein Licht
auf meinem Weg.

Itze/Moers: Psalmen
© Persen Verlag, Buxtehude

Psalm 139,3

Ich gehe oder liege,
so bist du um mich
und siehst alle meine Wege.

Psalm 139,5

Von allen Seiten
umgibst du mich
und hältst deine Hand über mir.

Edelgard Moers

Individuelle und kreative Begegnung mit einem Psalmwort – Mit Formen und Farben, Klängen und Bewegungen sowie Sprache gestalten (3./4. Schuljahr)

Zur Sache

Ausgangspunkt der individuellen Begegnung mit einem Psalmwort ist die Absicht, dass Kinder aus einem Angebot ein Psalmwort auswählen, welches die eigene Gefühlsstimmung am besten widerspiegelt. Dieses ausgewählte Psalmwort gestalten sie nun in kreativer Weise entweder mit Farben und Formen, mit Bewegungen, mit Klängen oder mit Schriftsprache. Geeignet ist das gesamte Vorhaben für Kinder des dritten bis vierten Schuljahres. Einzelne einfache Gestaltungselemente können den Kindern auch schon im ersten und zweiten Schuljahr angeboten werden.

Damit der Inhalt der einzelnen Psalmworte zur Sache des Kindes werden kann, muss es die Chance haben, sein aus der eigenen Psalmwort-Kartei frei gewähltes Psalmwort kreativ gestalten zu können.
Es gibt unterschiedliche Gestaltungselemente: Die Gestaltungsmöglichkeiten mit Formen und Farben umfassen Aktivitäten wie Malen, Drucken, Zeichnen, Kneten und Formen. Bei dem Einsatz von Farben wird insbesondere die visuelle Wahrnehmung und beim Formen wird darüber hinaus auch die haptische Wahrnehmung ausgebildet. Die Gestaltungsmöglichkeit mit Schriftsprache führt zu eigenen Texten und fördert insbesondere die Sprachkompetenz. All diese Werke der Kinder können aufbewahrt oder ausgestellt werden und sind jederzeit sichtbar.
Die Gestaltung mit Klängen erfordert den Einsatz von Orff-Instrumenten, aber auch von selbstgebauten Rhythmus-Instrumenten. Hier wird besonders die akustische Wahrnehmung gefördert. Die Gestaltung durch Bewegungen erfordert Aktivitäten wie Tanzen, Standbilder aufstellen oder meditativer Bewegungsformen, auch durch den Einsatz von Instrumentalmusik auf CDs. Bei den Bewegungsmöglichkeiten werden insbesondere die vestibuläre Wahrnehmung und das Gefühl für den eigenen Körper gefördert. Die Klang- und Bewegungsgestaltungen der Kinder können nicht wie die Texte, Bilder oder Skulpturen ausgestellt werden. Sie sind flüchtig und „verschwinden" nach der Prä-

sentation. Sie werden auch häufig als Interpretationen bezeichnet. Mithilfe moderner Medien wie Videokamera, Fotoapparat oder MP3-Player können sie digital „konserviert" und später wieder abgerufen werden. Vor der Präsentation sollten die Tänze, Standbilder etc. von den Kindern in einfacher Form skizziert werden (z.B. eine „Choreographie" verfassen), damit sie in gleicher Weise auch zu späteren Zeitpunkten vorgestellt werden können.

Durch die kreative Gestaltung des frei gewählten Psalmwortes findet eine Begegnung des Kindes mit dem Inhalt auf mehreren Ebenen statt (vgl. S. 5). Jedem Kind wird die Chance gegeben, an eigene Erfahrungen anzuknüpfen. Jedes Kind hat seine individuelle Wahrnehmung, entfaltet durch die intensive Begegnung sein eigenes inneres Bild und macht es sichtbar. Über seine persönliche Ausdrucks- und Darstellungsform findet es schließlich auch seine eigenen Worte, die immer eng mit seinen Gefühlen, Gedanken, Bedürfnissen und Erfahrungen verbunden sind.

In seinem persönlichen Psalmwort findet sich das einzelne Kind wieder und verbindet den Inhalt mit seiner Lebenssituation. Die Erklärungen bei der Präsentation (z.B. über die Farb- oder Formwahl, die Auswahl von Instrumenten und Klängen), die Interpretationen mithilfe von Bewegungsformen und Musikstücken sowie Aussagen der eigenen Texte legen offen, in welcher Tiefe die Begegnung stattgefunden hat, wie das einzelne Kind sein Psalmwort verstanden hat und was es für seine Persönlichkeitsentwicklung bedeutet. Die reflektierten Lernerlebnisse können so zu eigenen Lern- und Lebenserfahrungen werden.

Lernchancen

Die Kinder erhalten Lernchancen auf den folgenden Ebenen:
- Sie vertiefen die bewusste Wahrnehmung der eigenen Gefühlsstimmungen und ordnen ihnen ein entsprechendes Psalmwort zu.
- Sie erweitern ihre Fähigkeit, eigene innere

Bilder zu entfalten und in kreativer Weise zum Ausdruck zu bringen.

- Sie vertiefen ihre Kenntnis über die Sprache der Bibel und erweitern dadurch ihre Sprachkompetenz.
- Sie erweitern ihre religiöse Kompetenz durch weitere Auszüge von biblischen Texten und Psalmwörter.
- Sie verstehen in ersten Ansätzen den bildhaften Charakter biblischer Überlieferung und erweitern dadurch ihre Symbolfähigkeit.
- Sie begreifen elementare biblische Texte als Orientierungsangebot für das eigene Leben und erweitern dadurch ihre personale Kompetenz.
- Sie erschließen sich Vertrauensbilder und beziehen sie auf das eigene Leben und erweitern ihre emotionale Kompetenz.

Vorüberlegungen

Bei diesem Unterrichtsvorhaben werden den Kindern verschiedene Psalmwörter zur Verfügung gestellt. Aus diesem Angebot können sie ein Psalmwort auswählen, welches die eigene Gefühlsstimmung am besten widerspiegelt. Dieses ausgewählte Psalmwort gestalten sie in kreativer Weise entweder mit Farben und Formen, mit Bewegungen, mit Klängen oder mit Schriftsprache. Sie können eine oder auch mehrere Möglichkeiten auswählen. Dabei können die Schüler bei verschiedenen Gestaltungsmöglichkeiten immer das gleiche Psalmwort zu Grunde legen oder auch zu unterschiedlichen Psalmen arbeiten.

Für dieses Vorhaben können zwei bis vier Unterrichtsstunden eingeplant werden.

Zum Verlauf

Der Unterricht wird in Begrüßungs- und Abschlussrituale eingebunden (Kerze anzünden, namentliche Begrüßung, themenentsprechendes Lied, gute Wünsche für den verbleibenden Tag, Kerze löschen).

1. Sequenz

Material:
- Psalmwort-Kartei
- ggf. Plakat

Die Lehrperson nimmt die eigene Psalmwort-Kartei zur Hand, erinnert an Psalmworte, die die Kinder bereits kennen gelernt haben, und weist auf weitere Psalmworte in der Psalmwort-Kartei hin, die den Kindern möglicherweise noch fremd sind. Dann stellt sie kurz die verschiedenen Gestaltungsangebote vor, macht aber deutlich, dass die genauen Arbeitsaufträge bei den einzelnen Lernangeboten stehen und dort nachzulesen sind. An dieser Stelle sollte auch der Begriff „innere Bilder" für alle Schüler verständlich erklärt werden (z. B. „Was siehst du, wenn du die Augen schließt und an das Psalmwort denkst?"), da er auf allen Arbeitsaufträgen vorkommt.

Der Unterrichtsverlauf wird für die Schüler visualisiert (Tafel, Plakat). Der Lehrer erinnert an vereinbarte Regeln, bittet um sorgfältigen und verantwortungsvollen Umgang mit den Materialien und gibt einen Zeitrahmen vor.

2. Sequenz

Material:
- Arbeitsaufträge (**M 1–M 10**)
- Für die verschiedenen Angebote:
  M 1 Bild legen: Kiste mit Legematerialien (farbige Chiffontücher, Glasnuggets, künstliche Blüten und Blütenblätter, dünne kurze Zweige, künstliches Herbstlaub, Holzkegel, etc.), Pappen (DIN A4 oder DIN A3)

M 2 Tonfiguren gestalten: Ton oder selbst härtende Modelliermasse

M 3 Malen mit Öl- oder Zuckerkreide[1]: Ölkreide oder Zuckerkreide, schwarzer Tonkarton (DIN A3)

M 4 Drucken: Dämmplatten aus Styropor (geschnitten auf DIN A4), Nägel oder Abstecknadeln (zum Einritzen der Styroporplatten), verschiedene Acryl- oder Lenolfarben, Rollen (für jede Farbe eine und mindestens eine saubere), Papier (DIN A4)

M 5 Malen mit Abtönfarben: Pinsel, Abtönfarben, Glasplatten (geschnitten auf DIN A4), Papier (DIN A4), kleine Töpfe (zum Umfüllen und Mischen)

M 6 Standbild bauen: Fotoapparat oder Bleistift und Papier (für eine Skizze)

M 7 Bewegungen: CDs mit Sphärenklängen, klassischer Musik (Instrumentalmusik) und Meditationsmusik, CD-Player, Papier und Bleistift (für Notizen)

M 8 Klanggestaltung: Orff-Instrumente, selbstgebaute Rhythmus-Instrumente, Stift und Papier (zum Notieren der Klangfolge)

M 9 Psalmen erweitern: gestaltetes Schreibpapier (**M 11**)

M 10 Abschreiben: gestaltetes Schreibpapier (**M 11** und Seite 130)

Für alle Stationen: Psalmwort-Kartei

Die Kinder wählen aus der eigenen Psalmwort-Kartei ein Psalmwort aus, das ihnen persönlich viel bedeutet, und gestalten es mit ihren Möglichkeiten und nach ihren Vorstellungen. Sie können nacheinander verschiedene Gestaltungsformen für das gleiche Psalmwort wählen und haben am Ende mehrere Produkte.

3. Sequenz

Material:
• Arbeitsergebnisse der Schüler

Die Kinder stellen ihre Produkte vor und erläutern ihre Entscheidungen über Form- und Farbwahl, über Bewegungselemente oder Klänge. Die Kinder, die Psalmen oder Gedichte geschrieben haben, lesen die eigenen Texte wie bei einer Autorenlesung auf einem Autoren-Stuhl vor und sammeln sie in einem eigenen Buch, das in der Klasse bleibt.

4. Sequenz

Material:
• Arbeitsergebnisse der Schüler
• ggf. Stellwände etc.

Die Tonfiguren, Bilder und Texte werden im Foyer der Schule ausgestellt und die Bewegungen und Klanggestaltungen werden evtl. einem ausgewählten Publikum vorgeführt. Die Standbilder oder Bewegungen können auch fotografiert werden und als Fotos gemeinsam mit den anderen Produkten ausgestellt werden. Für die eigenen Texte kann evtl. noch einmal eine Autorenlesung vor Publikum durchgeführt werden.

5. Sequenz

Material:
• Reflexionskarten (**M 12**)

Die Kinder machen sich nach der Präsentation noch einmal ihren eigenen Lernprozess bewusst. Sie reflektieren ausführlich über ihre Gestaltungsarbeiten. Sie erläutern, was sie gelernt haben, was ihnen gefallen oder nicht gefallen hat, mit wem sie gut zusammenarbeiten konnten und welche Verbesserungsvorschläge sie für das nächste Unterrichtsvorhaben haben. Dazu nutzen sie die Reflexionskarten (**M 12**).

Bedeutung der Symbole auf den Arbeitskarten (M 1–M 10)	
☺	Einzelarbeit
☺☺	Partnerarbeit
☺☺☺	Gruppenarbeit

---

[1] Herstellen von Zuckerkreide
Man braucht: farbige Kreide, Zucker, heißes Wasser, einen wasserdichten Behälter
Und so geht's: Die farbige Tafelkreide wird für ca. 24 Stunden in eine gut gesättigte Zuckerlösung (250 g Zucker auf 1 l heißes Wasser) eingelegt. Die Kreide wird aus der Lösung genommen und direkt nach dem Abtropfen auf einem Küchenpapier bereitgelegt.

Itze/Moers: Psalmen
© Persen Verlag, Buxtehude

Bild legen ☺

Du brauchst:

▶ Legematerialien (z.B. Holzkegel, einfarbige Chiffontücher, Glasnuggets, künstliche Blüten und Blütenblätter, künstliches Herbstlaub, dünne kurze Zweige, Steine, Holzkreuz und Federn)

1) **Wähle ein Psalmwort aus, das für dich eine besondere Bedeutung hat.**

2) **Lege dazu ein Bild:**
   Gestalte dein eigenes inneres Bild zu dem Psalmwort. Wähle aus den Legematerialien einige passende aus. Nimm eine Pappe als Unterlage und gestalte dein Bild zu diesem Psalmwort mithilfe der ausgewählten Materialien.

3) **Stelle dein Ergebnis vor. Berichte anschließend: Wie bist du vorgegangen? Was zeigt dein Bild? Warum hast du diese Materialien gewählt? Begründe deine Entscheidung.**

Tonfiguren gestalten ☺

Du brauchst:
▶ Ton oder selbsthärtende Modelliermasse
▶ Malkittel

1) **Wähle ein Psalmwort aus, das für dich eine besondere Bedeutung hat.**

2) **Erstelle dazu eine Figur:**
   Gestalte dein eigenes inneres Bild zu diesem Psalmwort aus Ton.

3) **Stelle dein Ergebnis vor. Berichte anschließend: Wie bist du vorgegangen? Warum hast du diese Figur gestaltet? Begründe deine Entscheidung.**

Malen mit Öl- oder Zuckerkreide ☺

Du brauchst:
▶ Öl- oder Zuckerkreide
▶ schwarzen Tonkarton (DIN A3)
▶ Malkittel

1) **Wähle ein Psalmwort aus, das für dich eine besondere Bedeutung hat.**

2) **Gestalte dein eigenes inneres Bild zu diesem Psalmwort, indem du mit Öl- oder Zuckerkreide ein Bild dazu malst.**

3) **Stelle dein Ergebnis vor. Berichte anschließend: Wie bist du vorgegangen? Was genau zeigt dein Bild? Warum hast du diese Farben gewählt? Begründe deine Entscheidung.**

Drucken ☺

Du brauchst:
▶ Styroporplatten (DIN A4)
▶ Nägel oder Abstecknadeln (zum Ritzen)
▶ verschiedene Acryl- oder Lenolfarben
▶ mehrere Rollen (für jede Farbe eine und eine saubere zum Abrollen des Papiers)
▶ Papier (DIN A4)
▶ Malkittel

1) **Wähle ein Psalmwort aus, das für dich eine besondere Bedeutung hat.**

2) **Fertige dazu einen Druck an:**
   Gestalte dein eigenes inneres Bild zu diesem Psalmwort, indem du
   – ein dazu passendes Symbol in die Styroporplatte ritzt,
   – Acryl- oder Lenolfarbe darüber rollst,
   – ein weißes Blatt darüber legst und
   – mit einer sauberen Rolle gleichmäßig darüber rollst.
   Dann zieh dein Bild vorsichtig ab und lass es trocknen.

3) **Stelle dein Ergebnis vor. Berichte anschließend: Wie bist du vorgegangen?**
   Was genau zeigt dein Druck? Warum hast du diese Farben und Formen gewählt?
   Begründe deine Entscheidung.

Malen mit Abtönfarben ☺

Du brauchst:
▶ Glasplatte (DIN A4)
▶ Pinsel
▶ verschiedene Abtönfarben
▶ kleine Töpfe zum Umfüllen oder Mischen
▶ Papier (DIN A4)
▶ Malkittel

1) **Wähle ein Psalmwort aus, das für dich eine besondere Bedeutung hat.**

2) **Fertige dazu ein Bild an:**
   Gestalte dein eigenes inneres Bild zu dem Psalmwort. Ordne dazu wenige Pinsel-
   striche oder Tupfer der Abtönfarbe auf der Glasplatte an, wähle dabei passende
   Farben aus. Leg anschließend ein weißes Blatt Papier darauf und streich es ganz
   flach. Dann zieh dein Bild vorsichtig ab und lass es trocknen.

3) **Stelle dein Ergebnis vor. Berichte anschließend: Wie bist du vorgegangen?**
   Was genau drückt dein Bild aus? Warum hast du diese Farben gewählt?
   Begründe deine Entscheidung.

Itze/Moers: Psalmen
© Persen Verlag, Buxtehude

Standbild bauen ☺/☺☺

Du brauchst:
▶ eventuell einen Fotoapparat oder Bleistift und Papier für eine Skizze

1) **Wähle ein Psalmwort aus, das für dich eine besondere Bedeutung hat.**

2) **Erfinde dazu ein Standbild:**
   Gestalte dein eigenes inneres Bild zu diesem Psalmwort, indem du dir eine
   passende Körperhaltung ausdenkst und für einen Augenblick einnimmst.
   Lass dich dabei fotografieren oder zeichne eine Skizze deines Standbildes.

3) **Stelle dein Ergebnis vor. Berichte anschließend: Wie bist du vorgegangen?**
   Was genau drückt dein Standbild aus?

Bewegungen ☺/☺☺/☺☺☺

Du brauchst:
▶ CDs mit Meditationsmusik, Sphärenklängen oder klassischen Musikstücken
▶ CD-Player
▶ Papier und Bleistift

1) **Wähle ein Psalmwort aus, das für dich eine besondere Bedeutung hat.**

2) **Erfinde dazu einen meditativen Bewegungsablauf:**
   Gestalte dein eigenes inneres Bild zu diesem Psalmwort, indem du passende
   Bewegungen dazu erprobst. Wähle passende Musik aus, die die Stimmung
   verstärkt.

3) **Stelle dein Ergebnis vor. Berichte anschließend: Wie bist du vorgegangen?**
   Was genau drücken die Bewegungen aus?

Klanggestaltung ☺/☺☺/☺☺☺

Du brauchst:
▶ Orff-Instrumente
▶ selbstgebaute Rhythmusinstrumente
▶ Stift und Papier

1) **Wähle ein Psalmwort aus, das für dich eine besondere**
   Bedeutung hat.

2) **Erfinde dazu eine Klanggestaltung:**
   Gestalte dein eigenes inneres Bild zu diesem Psalmwort. Finde dazu Klänge für die
   einzelnen Wörter oder Satzteile. Notiere die Klangfolge, damit du diese genauso
   wiederholen kannst.

3) **Präsentiere dein Ergebnis. Berichte anschließend: Wie bist du vorgegangen?**
   Was genau drückt deine Klangfolge aus?

Psalmen erweitern ☺

Du brauchst:
▶   Schmuckblatt

1)   Wähle ein Psalmwort aus, das für dich eine besondere Bedeutung hat.

2)   Erweitere es um eigene Verse:
     Schreibe das Psalmwort ab, aber lass an wichtigen Stellen jeweils eine Zeile frei.
     Erweitere das Psalmwort durch eigene Worte oder Verse in den freien Zeilen.

3)   Stelle dein Ergebnis vor. Berichte anschließend: Wie bist du vorgegangen?

Abschreiben ☺

Du brauchst:
▶   Schmuckblatt
▶   Buntstifte und Füller

1)   Wähle ein Psalmwort aus, das für dich eine besondere Bedeutung hat.

2)   Schreibe es in das Schmuckblatt hinein. Male ein passendes Bild darunter.
     Schreibe noch deine eigenen Gedanken dazu.

3)   Stelle dein Ergebnis vor. Berichte anschließend: Wie bist du vorgegangen?
     Was hast du gemalt?

Itze/Moers: Psalmen
© Persen Verlag, Buxtehude

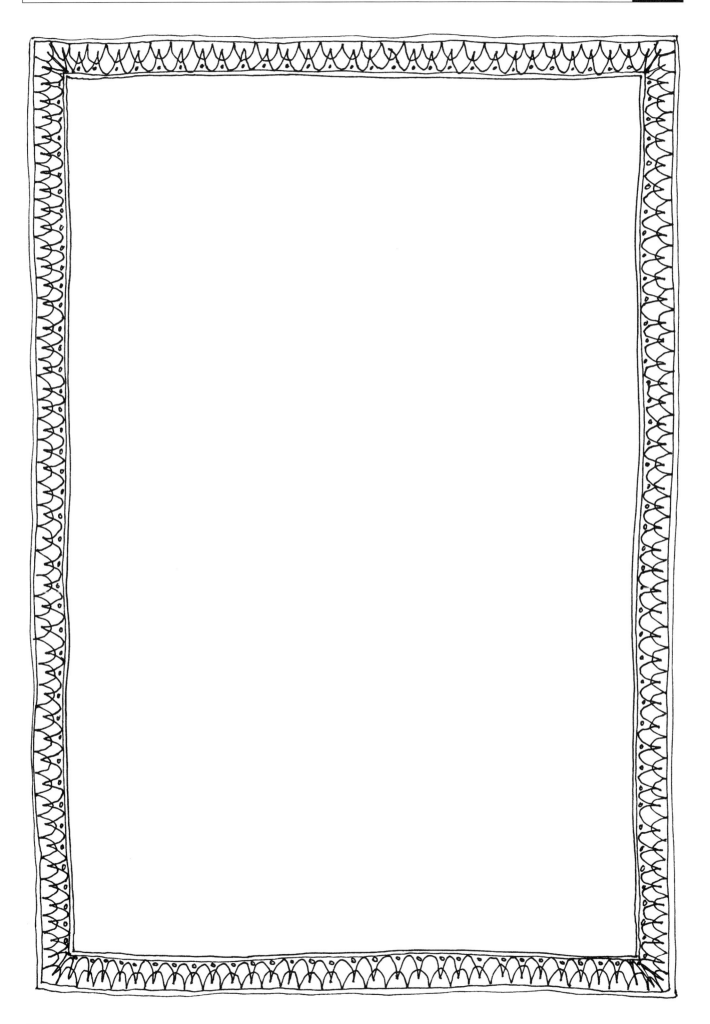

Ich möchte noch sagen ...

Ich habe eine Idee ...

Ich habe noch eine Frage ...

Mir hat gefallen ...

Mir hat nicht gefallen ...

Ich habe gelernt ...

Itze/Moers: Psalmen
© Persen Verlag, Buxtehude

Karin Heuermann-Spittler
(mit Unterstützung von Kerstin Hemker)

Psalm 18,30b: „Mit meinem Gott überspringe ich Mauern" – Integration von Psalmen in ein schülerorientiertes Arbeiten zum Buch Rut (3./4. Schuljahr)

Zur Sache: Das Buch Rut

Das Buch Rut wurde von J.W. v. Goethe gerühmt, „weil es bei seinem hohen Zweck, einem Könige von Israel anständige, interessante Vorfahren zu verschaffen, zugleich als das lieblichste kleine Ganze betrachtet werden kann, das uns episch und idyllisch überliefert worden ist"[1].

Diese Novelle ist eine Alltagsgeschichte: Sie beschreibt das Leben der einfachen Leute auf dem Land mit ganz alltäglichen Vorgängen wie bspw. die Ernte, das Dreschen usw. Das Buch Rut, von Goethe als Idylle charakterisiert, ist aber sehr viel mehr als nur eine Erzählung vom idyllischen Alltagsleben: Sie erzählt von der sozialen „Realität von Frauen in einer patriarchalischen Gesellschaft"[2] und davon, wie die Protagonistinnen Rut und Noomi mit Schicksalsschlägen, Leiderfahrungen, Tod und Not konfrontiert werden. Die beiden Frauen zerbrechen nicht daran, sondern meistern ihr Schicksal, haben den Mut, Grenzen zu überwinden und alles wendet sich zum Guten. Insofern ist die Novelle auch eine Geschichte der Hoffnung. Die Solidarität spielt eine, wenn nicht die zentrale Rolle in dieser Erzählung. Primär ist „hæsæd" (= Solidarität, Treue und auch Hingabe) die hæsæd Gottes; auch wenn Gott, der nur implizit genannt wird, im „Verborgenen geleitet und gelenkt hat"[3]. Hæsæd zeigt sich immer in Taten und ist kein abstrakter Begriff. [4] In der Ausländerin Rut zeigt sich die hæsæd Gottes. Somit wird diese Erzählung auch zu einer „Protestschrift gegen (…) Ausländerfeindlichkeit und Intoleranz"[5].

Lernchancen

In dieser Unterrichtseinheit wird den Schülern ein freies Arbeitsangebot unterbreitet, das verschiedene Lernchancen bietet. Die Einheit intendiert neben religionspädagogischen Zielen auch allgemeine Lernziele in Hinblick auf Selbst-, Sozial- und Methodenkompetenz. Die Arbeitsangebote sind geeignet, die kognitive sowie die emotionale Ebene der Schüler anzu-

sprechen und so eine ganzheitliche Auseinandersetzung und ein Erleben zu ermöglichen. Die offene Arbeitsform erlaubt den Schülern nach individuellem Interesse und Lerntyp auszuwählen, wie sie sich mit dem Buch Rut (und immanent mit ihrer Glaubens- und Lebensgeschichte) auseinandersetzen möchten. Auf unterschiedlichen Ebenen und auf unterschiedlichem Niveau erhalten die Kinder Lernchancen:

- Die Kinder lernen eine alttestamentliche Geschichte kennen.
- Sie lernen exemplarisch anhand der Rut-Novelle Frauengestalten der Bibel kennen.
- Sie festigen ihre Sprachkompetenz, die sie bezüglich der Auseinandersetzung mit den Psalmen erworben haben und können sie an der biblischen Geschichte erproben.
- Sie setzen sich mittels verschiedener (kreativer) Methoden handelnd mit der biblischen Geschichte auseinander, können auch dadurch Parallelen zur eigenen Lebenswirklichkeit ziehen und treten so in einen interaktionalen Prozess.
- Sie setzen sich selbstständig mit dem Buch Rut auseinander und erleben den Lebensweg der beiden Protagonistinnen.
- Sie erfahren, dass sich Gott in der Fremden (Rut) offenbart und durch sie zum Guten führt.
- Sie lassen sich auf verschiedene Abschnitte und Aspekte des Buches Rut ein und erfahren durch die Auseinandersetzung, dass gelebte Solidarität und Treue das Leben bereichern.
- Sie erfahren, dass es befreiend sein kann, aufzubrechen, sich anzuvertrauen und Gewohntes hinter sich zu lassen. Darüber hinaus erspüren sie, dass die Aufnahme „Fremder" / die Annahme „des Fremden" das eigene Leben reicher machen kann.

Vorüberlegungen

Die weisheitliche Rut-Novelle, die von Solidarität, von einer Frauenfreundschaft erzählt, ist in den letzten Jahren wiederentdeckt worden und hat einen Platz in den Lehrplänen für Evangelische Religionslehre gefunden. Auch im Lehrplan für Katholische Religionslehre lässt sich die Weggeschichte von Rut einordnen.

Um diese Novelle mit Grundschulkindern zu erarbeiten bietet sich eine Form der Freien Arbeit, nämlich das Stationenlernen oder die Lerntheke (synonym: Lernbuffet) an. Während offene Arbeitsformen feste Bestandteile des Grundschulunterrichts in den Fächern Deutsch, Mathematik und Sachunterricht sind, scheuen sich noch immer viele Religionslehrer in ihrem Fachunterricht davor, den Unterricht zu öffnen. Ideal ist es, wenn der Klassenlehrer ebenso der Religionslehrer der Klasse ist. Ist dies nicht der Fall, lassen sich die durch freie Arbeitsformen möglicherweise entstehenden organisatorischen Probleme durch die Kooperation von Klassenlehrern und Fachlehrern gut lösen – zum Wohle der Schüler. Durch das selbstbestimmte und eigenverantwortliche Lernen fühlt sich jeder Schüler ernst genommen und wird in der Ausbildung seines Selbstkonzepts gefördert. Nicht nur vor dem Hintergrund der „veränderten Kindheit" und der Heterogenität innerhalb der Lerngruppe sollte gerade der RU die Möglichkeiten des individualisierten Lernens aufgreifen, da es mit seinen Zielen auch dem „Menschenbild der Bibel entspricht"[6]. Weil die Lehrkraft bei freien Arbeitsformen immer Lernbegleiter ist, ist es legitim, (auch individuelle) Pflicht- und Wahlaufgaben anzubieten.

Sollte es aus verschiedenen Gründen nicht möglich sein, den Schülern ein Lernbuffet zu unterbreiten, kann man natürlich die hier vorgestellten Arbeitsangebote auch in den primär lehrergelenkten gemeinsamen Unterricht integrieren. Die verschiedenen zur Auswahl stehenden Angebote zur Erarbeitung der Rut-Novelle können auch dann zu einem in Teilen offenen sach- und schülerrelevanten Unterricht führen. Dass jedes Kind alle hier vorgestellten Angebote bearbeitet, ist kaum zu realisieren, wenn den Schülern nicht auch außerhalb des Religionsunterrichts die Arbeitsaufträge zur Verfügung stehen.

Übersicht über den Verlauf

Die hier vorgestellten Arbeitsangebote sind für Schüler, die am Ende des 3. Lernjahres oder im 4. Lernjahr stehen, entwickelt worden. Einzelne Angebote lassen sich auch in einer 2. Klasse realisieren. Die Schüler sollten mit offenen Unter-

richtsformen sowie Partner- und Gruppenarbeit vertraut sein, damit sie zielgerecht arbeiten können. Darüber hinaus sollten sie bereits Psalmen und deren bildhafte Sprache kennen gelernt haben.

Im Folgenden wird zunächst eine Möglichkeit der Erarbeitung des Buches Rut vorgestellt. Anschließend wird aufgezeigt, wie speziell der Psalm 18 und allgemein Psalmworte in diese Thematik eingebunden werden können.

Erarbeitung der Geschichte von Rut

Das Buch Rut muss den Kindern bekannt gemacht werden, damit sie erfolgreich an und mit der Novelle arbeiten können. Dieses geschieht lehrerzentriert durch das Erzählen der Hoffnungsgeschichte. Beim Erzählen sollte man sich die Zeit nehmen, die Kinder einzubeziehen, indem man das Gespräch mit ihnen sucht und um Fragen der Schüler zu beantworten. Die (freie) Lehrererzählung sollte auch optisch unterstützt werden. Hier bieten sich besonders die Bilder von Marc Chagall [7] an, die in diesem Fall „nur" der Vertiefung der textbezogenen Arbeit dienen. Bild und Text werden dann von den Schülern miteinander verknüpft. Bereits hier wird deutlich, was bei den Kindern aus der Erzählung „angekommen" ist. Auch kann man die einzelnen Abschnitte der Novelle jeweils in einem Stegreifspiel nachspielen lassen. Das darstellende Spiel ist eine geeignete Form, das Gehörte im Gedächtnis zu verankern – für die Darsteller selbst wie auch für die Zuschauer.

Damit jedes Kind in den darauf folgenden Stunden die Arbeitsangebote sinnvoll nutzen kann, ist es hilfreich, wenn der Erzähltext allen Kindern zur Verfügung steht. Es hat sich bewährt, die Novelle zum einen großformatig (DIN A3) im Klassenraum auszuhängen und zum anderen Tonträger zu besprechen und als „Hörbuch" anzubieten. Ebenfalls sollten die eingesetzten Bilder weiterhin präsent sein und so die Arbeitsprozesse der Kinder unterstützen.

Die Arbeitsangebote zur Vertiefung der Erzählung

Dass alle Schüler alle Angebote bearbeiten, ist bei dem Umfang der verschiedenen Stationen nicht realisierbar. Daher sollte man bestimmte Angebote (z. B. auf einem Laufzettel) als Pflicht- bzw. Wahlstationen kennzeichnen. Man kann auch eine Vereinbarung mit den Schülern treffen, welche Lernangebote bearbeitet werden müssen und welche bearbeitet werden können. Sinnvoll ist es, dass jedes Kind

Itze/Moers: Psalmen
© Persen Verlag, Buxtehude

aus den verschiedenen Bereichen (Kreatives Schreiben, Malen, Darstellendes Spiel, Lernspiel) mindestens ein Angebot wahrnimmt. Hilfreich ist bei einer solchen Vorgehensweise, die Arbeitsangebote eines entsprechenden Bereichs auf Papier der gleichen Farbe zu kopieren.

Vor Beginn der Arbeit sollten den Schülern die Stationen präsentiert und erläutert werden. Dabei erhalten die Kinder nicht nur einen Überblick über das Arbeitsangebot, sondern es werden auch die Inhalte der Arbeitsaufträge kurz erläutert. Wenn z. B. von einem „Drehbuch" die Rede ist, muss allen Schülern klar sein, was hiermit gemeint ist. Ebenso müssen die verschiedenen Methoden (z. B. Standbild) und Arbeitsmittel bekannt sein.

Im Folgenden werden die einzelnen Angebote (**M 1–M 16**) kurz skizziert.
Folgende Symbole werden dabei verwendet:

☺   Einzelarbeit
☺☺   Partnerarbeit
☺☺☺   Gruppenarbeit

Kreatives Schreiben

Die Schüler lassen beim kreativen Schreiben ihre Empfindungen, Gefühle und Gedanken einfließen und bringen sich so insbesondere auf der emotionalen Ebene in das biblische Geschehen ein. Sie versetzen sich in die biblischen Personen und haben so die Chance, durch die Identifikation mit den Protagonistinnen der Novelle und durch die Gegenüberstellung der eigenen mit der biblischen Lebensgeschichte in einen interaktionalen Prozess zu treten.[8] Die folgenden Arbeitsaufträge stellen Varianten des kreativen Schreibens dar.

Angebot: Klage- bzw. Dankpsalm ☺

Material:
- Arbeitsauftrag „Klagepsalm" bzw. „Dankespsalm" (**M 1** bzw. **M 2**)
- gestaltetes Schreibpapier (s. S. 130)
- ggf. Psalmwort-Kartei[9]

An diesen beiden Stationen können die Schüler ihre Kompetenzen im Umgang mit Psalmen selbstständig erproben und einen eigenen Klage- und Dankespsalm aus der Sicht von Noomi bzw. Rut schreiben. Als Differenzierungsmöglichkeit bietet es sich an, den Schülern die Psalmwort-Kartei von R. Oberthür und A. Mayer zur Verfügung zu stellen. Notwendige

Voraussetzung hierfür ist, dass die Kinder in der Arbeit mit der Psalmwort-Kartei vertraut sind.

Angebot: Tagebuch von Rut bzw. Noomi ☺

Material:
- Arbeitsauftrag „Tagebuch von Rut" bzw. „Tagebuch von Noomi" (**M 3** bzw. **M 4**)
- Tagebuch (Beschreibung s. u.) oder gestaltetes Schreibpapier (s. S. 130)
- ggf. Hilfekarte „Tagebuch von Rut" bzw. „Tagebuch von Noomi" (**M 17** bzw. **M 18**)

Die Kinder schreiben aus der Perspektive von Rut oder Noomi ein fiktives Tagebuch. Dabei muss ihnen die „literarische Gattung" des Tagebuchs bekannt sein. Das „Tagebuch" kann schön gestaltetes Schreibpapier sein, das von einem Heftstreifen zusammengehalten wird. Mit relativ wenig Arbeitsaufwand kann man auch kleine Bücher mit Fadenheftung herstellen: DIN-A4-Papier-Bögen faltet man, sodass ein vierseitiges Büchlein im DIN-A5-Format entsteht. Mehrere dieser Büchlein legt man ineinander. Buntes Papier, das von den Kindern ausgestaltet werden kann, wird der Umschlag. An der geschlossenen Längsseite heftet man die Bögen mit einem Faden zusammen. Besonders schnell geht das mit einer Nähmaschine.

Angebot: Brief von Rut ☺

Material:
- Arbeitsauftrag „Brief von Rut" (**M 5**)
- gestaltetes Schreibpapier (s. S. 130)
- ggf. Hilfekarte „Brief an Orpa" (**M 19**)

Die Kinder schreiben einen Brief aus der Sicht Ruts an Orpa. Beim Schreiben des Briefes vollziehen die Schüler wie schon bei den anderen Angeboten einen Perspektivenwechsel: Sie versetzen sich in die biblische Person Rut, identifizieren sich mit ihr und lassen in ihrem fiktiven Brief an Orpa eigene Lebenserfahrungen und Gefühle einfließen.

Gestalten mit Materialien und Farben

Fast alle Grundschüler sind bei allen gestalterischen Arbeiten sehr motiviert und fühlen sich in der Bearbeitung solcher Aufgaben sicher. Bei den Arbeitsangeboten sind solche zu finden, die vom nichtgegenständlichen Malen bis zum Ausmalen reichen.

Angebot: Collage ☺☺

Material:
- Arbeitsauftrag „Collage" (**M 6**)
- Textabschnitt a oder b (**M 22**)
- Fotokarton
- Buntstifte, Wachsmalkreiden oder Wasserfarbe
- farbiges Papier
- Fotos
- Zeitungen und Zeitschriften

Bei einer Collage werden verschiedene Materialien zu einem neuen Ganzen zusammengefügt und auf einem festen Untergrund geklebt. Damit die Arbeit der Kinder hier nicht beliebig bleibt, sollen sie aus vorgegebenen Textabschnitten einen Satz auswählen und dazu die Collage gestalten. Bei diesem Arbeitsangebot treten zwei Schüler in einen Gedanken-Austausch und setzen sich mit einem Textabschnitt intensiv auseinander.

Angebot: Bildergeschichte ☺

Material:
- Arbeitsauftrag „Bildergeschichte" (**M 7**)
- Bilderbogen (**M 23**)
- Streichholzschachtel
- Buntstifte
- Schere, Klebstoff

Die Kinder malen eine vorgegebene Bilderfolge aus, falten sie zu einem Leporello und kleben die Bildergeschichte in eine Streichholzschachtel. Damit diese Arbeit nicht nur eine reine Ausmalarbeit ist, die kaum Lernchancen enthält, bietet es sich an, mindestens ein Bilderfeld auszusparen. Die Schüler malen dann selbst zu der fehlenden Szene.

Angebot: Bedeutung der Namen ☺

Material:
- Arbeitsauftrag „Bedeutung der Namen" (**M 8**)
- Papierbögen (DIN A4)
- Stifte
- ggf. Hilfekarte „Die Namen und ihre Bedeutungen" (**M 20**)

Die Schüler setzen sich hier mit einer Person aus der Novelle intensiv auseinander und malen sie unter der besonderen Berücksichtigung des Namens. Da die Namen aller in der Erzählung vorkommenden Personen symbolträchtig sind, können sich die Kinder hier auch mit den „Nebendarstellern" beschäftigen. Sie erfahren durch die Auseinandersetzung mit der Namensbedeutung noch einmal, dass die biblische Sprache auch eine Symbolsprache, eine Sprache der Bilder, ist.

Angebot: Der Weg von Noomi und Rut ☺☺

Material:
- Arbeitsauftrag „Der Weg von Noomi und Rut" (**M 9**)
- Legematerialien (Naturmaterialien wie Muscheln, Tannenzapfen, Steine, Federn, Tücher ..., vgl. das Foto auf S. 29)
- Fotoapparat

Das Legen des Weges bietet den Kindern die Chance, das Leben von Rut und Noomi ein Stück zu begleiten und ihm nachzuspüren. Da bei dieser Arbeit selten die Möglichkeit besteht, den gestalteten Weg der Schüler aufzubewahren, sollte man das Produkt unmittelbar im Anschluss an die Arbeit fotografieren. Dadurch erleben die Kinder auch, dass ihre Arbeit wertgeschätzt wird, und sie haben jederzeit die Möglichkeit, ihre Arbeit zu präsentieren.

Angebot: Ein Kunstwerk gestalten ☺

Material:
- Arbeitsauftrag „Ein Kunstwerk gestalten" (**M 10**)
- Umrissbild (**M 24**)
- Farbstifte
- Schreibpapier oder Arbeitsblatt „Das Bild von Marc Chagall" (**M 25**)
- 1 Farbkopie/-druck des Bildes „Ruts Treffen mit Boas" von Marc Chagall
- Informationen zum Bild[10] (**M 26**)

Die Kinder erhalten ein Umrissbild von dem Kunstwerk „Ruts Treffen mit Boas"[11] und färben es nach ihren Vorstellungen ein. Das bearbeitete Bild entspricht nun nicht mehr dem Original, sondern das Kind hat sich mit seiner Erfahrung eingebracht „und mithilfe der Bildvorlage formuliert"[12]. Die Schüler notieren ihre Intention beim Einfärben. Sie vergleichen ihr Bild mit dem Original und notieren, was ihnen dabei aufgefallen ist. Sie reflektieren ihre Arbeit und setzen sich so mit einem Textabschnitt der Novelle auseinander.

Itze/Moers: Psalmen
© Persen Verlag, Buxtehude

Szenische Gestaltung

Zu den szenischen Gestaltungsmöglichkeiten gehören neben dem Rollenspiel auch das Stabpuppenspiel oder Folientheater, das Standbild und das Kamishibai. Der Spiel-Raum gibt dem Kind Sicherheit, in diesem Schonraum „neue Erfahrungen zu machen, neue Verhaltensweisen auszuprobieren, eigene Erfahrungen und Erlebnisse zu spielen und/oder zu verarbeiten"[13].

Angebot: Rollenspiel ☺☺☺

Material:
- Arbeitsauftrag „Rollenspiel" (**M 11**)
- Faltanleitung Minibücher (s. S. 105)
- ggf. Kleiderkiste

Das Rollenspiel in das Lernbuffet zu integrieren ist besonders dann sinnvoll, wenn während des Erzählvortrags auf das Stegreifspiel verzichtet wurde. In Gruppen bereiten die Schüler eine Szene aus dem Buch Rut vor. Sie können dabei auch in Gemeinschaftsarbeit ein Drehbuch verfassen. Als Format für diese Szenenbücher eignen sich insbesondere die sog. Minibücher, die aus einem Blatt (idealerweise DIN A3) zu einem Buch gefaltet werden (Anleitung s. S. 105).
Da die Herstellung von Requisiten natürlich sehr zeitintensiv ist, sollte man mit den Kindern vereinbaren, nach einer geeigneten „Bühnenausstattung" im Klassenraum Ausschau zu halten oder auch Requisiten von zu Hause mitzubringen. Das Verkleiden erleichtert es vielen Kindern, in eine Rolle zu schlüpfen. Sie überwinden so ihre Hemmungen, sich auf der Bühne zu präsentieren. Wenn Ihnen keine „Kleiderkiste" zur Verfügung steht, sollten Sie die Kinder bitten, geeignete „Kostüme" und Accessoires von zu Hause mitzubringen.

Angebot: Stabpuppenspiel ☺☺☺

Material:
- Arbeitsauftrag „Stabpuppenspiel (**M 12**)
- Vorlagen „Stabpuppen (**M 27**)
- Stifte und Tesafilm
- Rundstäbe o. Ä.

Beim Stabpuppenspiel tritt das Kind als Akteur in den Hintergrund und kann so ungehemmter agieren als beim Rollenspiel. Bereits beim Basteln, Ausmalen und Ausschneiden der Stabpuppen tauschen sich die Schüler über die Dramaturgie ihrer Szene aus. Wie beim Rollenspiel ist es möglich, Drehbücher zu verfassen, damit

während des Spiels nicht improvisiert werden muss.
Eine Alternative zum Stabpuppenspiel ist das Folientheater mit dem OHP.

Angebot : Kamishibai[14] ☺/☺☺

Material:
- Arbeitsauftrag „Kamishibai" (**M 13**)
- Kamishibai
- Zeichenpapier (DIN A3)
- Wachsmalkreide
- Faltanleitung „Minibücher" (s. S. 105)

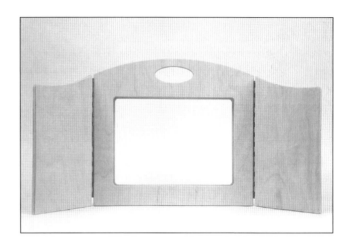

Das Kamishibai – ursprünglich aus Japan kommend – ist ein Erzähltheater, das sich hervorragend für die Präsentation einer Erzählung eignet. Die Kamishibai-Methode unterstützt kreative Unterrichtsprozesse und integriert Gefühle, es berücksichtigt die Erfahrungswelt der Kinder, regt die Fantasie an, steigert die Lernmotivation und -freude, schult die Konzentrationsfähigkeit und bildet das Gedächtnis aus. Das Kamishibai ist ein Medium für ganzheitliches Lernen mit Kopf, Herz und Hand. Es fördert speziell die Erzähl- und Präsentationskompetenzen der Schüler.
Bei diesem Arbeitsangebot verknüpfen die Schüler die bildnerische Gestaltung des Textes sowohl mit dem kreativen Schreiben als auch mit dem Erzählvortrag.
Die Kinder malen zur Novelle (zu Textabschnitten) Bilder, schreiben Szenenbücher zur gemalten Szene und stellen sie anschließend mit dem Kamishibai den Mitschülern vor. Die Präsentation mithilfe der „Bühne" bündelt die Aufmerksamkeit der zuschauenden Kinder; denn durch das Kamishibai treten die Bilder zur Erzählung in den Fokus der Zuschauer und das Erzählkind in den Hintergrund – ein nicht zu unterschätzender Vorteil für schüchterne Schüler.

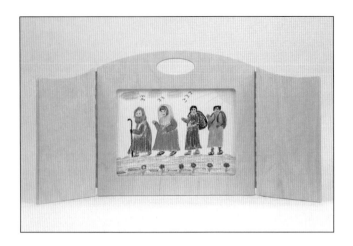

Es ist auch möglich, mit jeweils einzelnen Schülern abzusprechen, welche Szene des Buches Rut gemalt, verschriftlicht und erzählt werden soll. In diesem Fall wird dann am Ende der Unterrichtsreihe das Buch Rut im Erzählzusammenhang von den verschiedenen Schülern mittels des Kamishibais den Mitschülern (oder auch den Kindern einer anderen Lerngruppe) vorgestellt.

Angebot: Standbild ☺☺☺

Material:
- Arbeitsauftrag „Standbild" (**M 14**)
- ggf. Kamera

Durch ein Standbild wird die Identifikation mit einer (biblischen) Person erleichtert und es bietet die Möglichkeit der Korrelation zwischen der eigenen Lebensgeschichte und der biblischen Geschichte. Des Weiteren können auf diese Weise wichtige Textaussagen herausgearbeitet werden.[15] Um das „Produkt" dieser Arbeit zu erhalten, bietet es sich an, die jeweiligen Standbilder zu fotografieren. Zudem kann die Fotografie den Schülern als Erinnerungshilfe in der Präsentationsphase dienen.

Lernspiele
Lernspiele sind eine gute Möglichkeit, spielerisch das Gelernte (hier einen Auszug aus der Novelle) zu wiederholen und zu festigen.

Angebot: Brettspiel ☺☺☺

Material:
- Arbeitsauftrag „Brettspiel" (**M 15**)
- Brettspiel „Wo du hingehst, da will ich auch hingehen" mit Ereigniskarten[16]
- Würfel
- Spielfiguren

Ein sehr schönes Brettspiel, das innerhalb dieses Lernbuffets zum Einsatz kommen kann, ist das beim rpi Loccum erschienene Kooperationsspiel „Wo du hingehst, da will ich auch hingehen". Die Aufträge der Ereigniskarten ermöglichen nicht nur, den Weg von Rut und Noomi nachzuvollziehen, sondern auch eine Übertragung auf die eigene Alltagssituation. Auf diese Weise werden sowohl soziale Erfahrungen gestärkt als auch der Inhalt der bearbeiteten Novelle gefestigt.

Angebot: Textpuzzle ☺

Material:
- Arbeitsauftrag „Textpuzzle" (**M 16**)
- Arbeitsblatt „Textpuzzle" (**M 28**)
- Papier (DIN A4)
- Schere, Klebstoff
- Hilfekarte „Textpuzzle" (**M 21**)

Bei einem Textpuzzle müssen die Sätze eines ausgewählten Abschnitts in die richtige logische Reihenfolge gebracht werden. Durch die intensive Beschäftigung mit dem Textausschnitt wird in spielerischer Form das Gelernte gefestigt.[17]

Hilfe- und Informationskarten
Neben den Arbeitsangeboten werden den Schülern Hilfekarten, die ein erfolgreiches Arbeiten unterstützen, zugänglich gemacht. Auf diese Weise werden die Kinder in ihrem selbstständigen und selbstbestimmten Lernen unterstützt und die Lehrkraft entlastet. Daneben kann man zusätzliche Informationskarten, die Hintergrundwissen einfließen lassen, den Schülern anbieten.
Es hat sich als sinnvoll erwiesen, sowohl die Hilfekarten als auch die Informationskarten auf jeweils gleichfarbiges Papier zu kopieren und zu laminieren. Auch die Arbeitsaufträge, das Brettspiel, die Ereigniskarten etc. sollten für eine lange Lebensdauer laminiert bzw. in Schutzhüllen gesteckt werden.

Präsentation und Reflexion
Nach Beendigung der individuellen Arbeit sollte immer eine Präsentations- und Reflexionsrunde stattfinden. Hier haben die Schüler Gelegenheit, ihre individuell erstellten Arbeiten der Lerngruppe zu präsentieren, mögliche Schwierigkeiten, Lernzuwächse etc. während der Arbeitsphase zu benennen und zu diskutie-

Itze/Moers: Psalmen
© Persen Verlag, Buxtehude

ren. Sie bekommen von den Mitschülern und der Lehrkraft für ihre Arbeit ein Feedback und erfahren Wertschätzung oder bekommen zusätzliche Hilfen an die Hand, die ein erfolgreiches Weiterarbeiten in den darauffolgenden Stunden ermöglichen.

Erarbeitete szenische Spiele können in dieser Phase den anderen vorgestellt werden. Hilfreich kann dabei sein, den Zuschauer Beobachtungsaufträge zu erteilen. Wichtig ist dabei, dass „immer nur über die Rollenträger gesprochen wird, nicht aber über den Rolleninhaber. Es sollte immer der Name der Rolle verwendet werden (…)"[18]. Den darstellenden Kindern muss immer die Gelegenheit gegeben werden, zu reflektieren, was sie in ihrer Rolle (als Schauspieler wie auch als Puppenspieler oder als Standbild und „Bildhauer") erlebt, gedacht und gefühlt haben.

Nach Abschluss der offenen Arbeitsweise an der Lerntheke sollte man mindestens eine Unterrichtsstunde zur Reflexion und Präsentation der Arbeiten aus den vorangegangenen Stunden einplanen.

Hier können dann auch die Fotos zum Einsatz kommen. Wenn im Verlauf der Unterrichtsreihe mehrere Schüler ein Standbild zur Szene erarbeitet haben oder den Weg nachgelegt haben, kann man die verschiedenen Standbilder und Wege noch einmal mithilfe der Fotos visualisieren und miteinander vergleichen.[19]

Einbindung des Psalmwortes 18,30b „Mit meinem Gott überspringe ich Mauern" in die Erarbeitung der Rut-Geschichte

Die hier dargestellten Unterrichtsideen zur Einbindung des Psalmwortes „Mit meinem Gott überspringe ich Mauern" (Ps 18,30b) können sowohl in die Arbeit am Lernbuffet eingebunden wie auch als eine einzelne Unterrichtsreihe geplant werden.

Erarbeitung des Psalmverses

Material:
• DIN-A3-Papier

Um den Psalmvers 18,30b zu erarbeiten, bietet sich ein „Mind-Map" – eine Gedankenlandkarte – an. Die Methode des Mind-Mappings kann z. B. zur Aktivierung von Vorwissen, zum Wecken von Assoziationen oder zur Vorbereitung z. B. für die Textplanung genutzt werden. Diese Methode arbeitet wie unser Gehirn primär mit Schlüsselbegriffen, die miteinander

verknüpft und integriert sind.

Ein Mind-Map kann sowohl als Gemeinschaftsarbeit (an der Tafel) als auch in Einzelarbeit erstellt werden. In die Mitte eines Blattes (vorzugsweise DIN A3) wird ein Begriff geschrieben, der durch einen Rahmen hervorgehoben wird. Das Kind notiert nun in Einzelarbeit alle wichtigen Gedanken, die ihm zu dem Begriff einfallen. Es entsteht quasi eine Sonne. Im weiteren Verlauf überlegt jedes Kind, was ihm zu jedem einzelnen Hauptgedanken einfällt. Diese Gedanken werden auf Abzweigungen geschrieben.

Nach Beendigung dieser Arbeitsphase können zwei Kinder in den Austausch treten. Sie erklären dem Partner ihre Gedankenlandkarte und begründen, warum sie etwas notiert haben. Mit einer anderen Stiftfarbe kann dann – ausgelöst durch den Gedankenaustausch – das eigene Mind-Map ergänzt werden.

Bei Ps 18,30b bietet es sich an, zu dem Begriff „Mauer" ein Mind-Map zu erstellen. Die Kinder werden sicherlich feststellen, dass eine Mauer sowohl etwas Schützendes, das gar nicht „übersprungen" werden will als auch etwas Bedrohliches (i.S. von Gefangenschaft) darstellen kann. In einem Unterrichtsgespräch erfolgt ein Gedanken-Austausch, bei dem die Ambivalenz thematisiert wird. Hier wird den Schülern bewusst bzw. es muss deutlich gemacht werden, dass auch das „Schützende und Bergende" manchmal übersprungen und der Aufbruch gewagt werden muss, damit man frei für neue Erfahrungen, für neue Kontakte werden kann.

Das Psalmwort und das Buch Rut

Material:
• Arbeitsblatt „Rut muss Mauern überspringen" (**M 29**)
• „Mauersteine" (z. B. Schuhkartons, die in Papier eingeschlagen werden)
• Arbeitsblatt „Mit meinem Gott überspringe ich Mauern" (**M 30**)

In Partnerarbeit überlegen die Kinder, wann Rut Mauern überspringen musste und notieren ihre Überlegungen auf dem Arbeitsblatt „Rut muss Mauern überspringen" (**M 29**). Anschließend werden die wichtigsten Hindernisse Ruts (ggf. Noomis) auf „Mauersteine" geschrieben. Diese Mauersteine werden zu einer Mauer aufgebaut.

Einige Kinder spielen nun die Geschichte der Rut in einem Stegreifspiel nach und überwinden an den herausgearbeiteten Stellen das aufgebaute Hindernis. (Z.B. als Rut sich entschließt, mit ihrer Schwiegermutter in das für sie fremde Land zu gehen.)

Im Anschluss daran überlegen die Schüler in einem Unterrichtsgespräch, *welche* Hilfen Rut bei der Überwindung der Mauern bekommen und *wer* ihr geholfen hat.

Darüber hinaus betrachten die Schüler danach ihre eigene Lebenssituation und reflektieren, wann sie in ihrem Leben auf Hindernisse stoßen, wie sie diese überwinden (können) und wer ihnen dabei hilft bzw. helfen könnte. Dazu erhalten die SchülerInnen das Arbeitsblatt „Mit meinem Gott überspringe ich Mauern" (**M 30**). Hier werden vermutlich sowohl Assoziationen zur Rut-Geschichte als auch persönliche Ich-Assoziationen notiert.

Einbindung von verschiedenen Psalmworten in die Erarbeitung der Rut-Geschichte

Die Arbeit mit Psalmen im Zusammenhang mit der Novelle bietet sich förmlich an, da sich die literarischen Formen der Psalmen „Klage", „Rettung aus Bedrängnis und Dank" dezidiert in der Hoffnungsgeschichte wiederfinden.

Materialien:
- ggf. „Psalmwort-Kartei"
  (R. Oberthür, A. Mayer)
- gestaltetes Schreibpapier (s. S. 130)
- Bilder zum Buch Rut (z.B. von Marc Chagall)

Innerhalb der Unterrichtsreihe zum Buch Rut gibt es verschiedene Möglichkeiten, Psalmen einzubinden (s. auch Angebot „Klage- bzw. Dankespsalm", S. 45):

- Es werden zu den entsprechenden Abschnitten, die sowohl von der Lehrkraft vorgegeben sein als auch von den Schülern selbstständig herausgesucht werden können, passende Psalmwortsätze der Klage bzw. des Lobes/Dankes aus der Psalmwort-Kartei von Oberthür und Mayer herausgesucht und abgeschrieben. Ggf. wird dazu gemalt.
- Auch zu Bildern zur Rut-Novelle (z.B. zu den Chagall-Bildern) können passende Psalmworte notiert und eigene Assoziationen aufgeschrieben werden.
- Die Kinder – wenn sie bereits mit der Sprache der Psalmen vertraut sind – schreiben eigene Klage- und Lobpsalmen.

Geeignete Abschnitte zur Verknüpfung der Unterrichtsarbeit mit dem Buch Rut und den Psalmen sind zum Beispiel:
- Glückliche Ankunft in Moab (Lobpsalm)
- Tod des Ehemannes Elimelech (Klagepsalm)
- Heirat der beiden Söhne (Lobpsalm)
- Tod der beiden Söhne (Klagepsalm)
- Einsamkeit von Noomi in Moab (Klagepsalm)
- Auf dem gemeinsamen Weg mit Rut nach Bethlehem (Lobpsalm <–> Klagepsalm)
- Glückliche Ankunft in Bethlehem (Lobpsalm)
- Genügend Ähren als Grundlage zum Überleben (Lobpsalm)
- Heirat von Rut und Boas (Lobpsalm)
- Geburt des Sohnes Obed (Lobpsalm)

---

[1]   Goethe, zitiert in: Haag 1993, A. 153
[2]   Zenger 1996[2], S. 145
[3]   Berg 1999, S. 190
[4]   Vgl. ebd., S. 195
[5]   Zenger 1996[2], S. 148
[6]   Freudenberg 2000, S.6
[7]   Vgl. Schröter 1992
[8]   Vgl. Rendle 1996, S. 157
[9]   Vgl. Oberthür; Mayer 1995a
[10] Von Denise Collard-Lommel entnommen
[11] aus: Bibel II von Marc Chagall
[12] Rendle 1996, S. 202
[13] Ebd., S. 138
[14] Nach einer Idee von Christa Gundt. Vorgestellt in der Fortbildungsveranstaltung „Lesen heißt noch nicht verstehen" im Schuljahr 2005/2006.
[15] Vgl. Rendle 1996, S. 143
[16] Aus: Kuhl 1993
[17] Vgl. ebd.
[18] Rendle 1996, S. 139
[19] Wenn Sie die Möglichkeit des Einsatzes einer Digitalkamera haben, ist die Präsentation mithilfe eines Beamers sehr praktisch und einfach.

Klagepsalm ☺

Schreibe einen Klagepsalm

Schreibe einen Klagepsalm, den Noomi betet, nachdem ihr Mann und ihre Söhne gestorben sind.

Du brauchst:
▶ Schreibpapier
▶ Psalmwort-Kartei

Du kannst wählen:
Schreibe einen eigenen Klagepsalm
oder
suche dir einen passenden Psalm aus der Kartei und schreibe diesen ab.

Dankespsalm ☺

Schreibe einen Dankespsalm

Schreibe einen Dankespsalm, den Rut betet, weil sie nun glücklich mit Noomi, ihrem Mann Boas und ihrem Sohn Obed in Bethlehem lebt.

Du brauchst:
▶ Schreibpapier
▶ Psalmwort-Kartei

Du kannst wählen:
Schreibe einen eigenen Dankespsalm
oder
suche dir einen passenden Psalm in der Kartei und schreibe diesen ab.

In einem Tagebuch schreibt man die Erlebnisse eines Tages nieder. Vor allem schreibt man von seinen Gefühlen und Hoffnungen. Man kann auch Bilder in ein Tagebuch malen.

Bastel dir zunächst ein Tagebuch.
Du brauchst:
▶ DIN-A4-Papier (weiß)
▶ 1 farbigen Bogen DIN-A4-Papier
▶ Nadel und Faden

Falte einige DIN-A4-Blätter in der Mitte und lege sie zu einem Büchlein zusammen. Einen farbigen Bogen kannst du als Umschlag nehmen. Gestalte ihn.
Mit Nadel und Faden heftest du anschließend die geschlossene Seite zusammen.

Schreibe nun Tagebucheinträge von Rut:
Beginne das Tagebuch mit dem Tag vor der Hochzeit von Rut und Machlon.
Suche dir weitere Tage aus dem Leben von Rut aus.

Wenn du keine Idee hast, nimm dir die Hilfekarte
„Tagebuch von Rut".

In einem Tagebuch schreibt man die Erlebnisse eines Tages nieder. Vor allem schreibt man von seinen Gefühlen und Hoffnungen. Man kann auch Bilder in ein Tagebuch malen.

Bastel dir zunächst ein Tagebuch.
Du brauchst:
▶ DIN-A4-Papier (weiß)
▶ 1 farbigen Bogen DIN-A4-Papier
▶ Nadel und Faden

Falte einige DIN-A4-Blätter in der Mitte und lege sie zu einem Büchlein zusammen. Einen farbigen Bogen kannst du als Umschlag nehmen, den du noch gestalten kannst. Mit Nadel und Faden heftest du anschließend die geschlossene Seite zusammen.

Schreibe nun Tagebucheinträge von Noomi:
Beginne das Tagebuch mit dem Tag, an dem Noomi mit ihrem Mann und den beiden Söhnen Bethlehem verlässt.
Suche dir weitere Tage aus dem Leben von Noomi aus.

Wenn du keine Idee hast, nimm dir die Hilfekarte „Tagebuch von Noomi".

Itze/Moers: Psalmen
© Persen Verlag, Buxtehude

Brief von Rut ☺

Du brauchst:
▶ Briefpapier

Schreibe einen Brief:
Stell dir vor, du bist Rut. Schreibe einen Brief an Orpa.
Berichte ihr, wie es dir und Noomi ergangen ist.

Wenn du keine Idee hast, nimm dir die Hilfekarte „Brief an Orpa".

Collage ☺☺/☺☺☺

Eine Collage ist ein Bild, das aus verschiedenen Materialien und durch Malen zusammengesetzt wird.

Ihr braucht:
▶ Textabschnitt a oder b
▶ 1 Bogen Fotokarton
▶ Stifte, Wachsmalkreide oder Wasserfarbe
▶ Zeitungen und Zeitschriften
▶ Fotos

Gestaltet eine Collage:
Wählt einen der beiden Texte aus.
Entscheidet euch für einen Satz aus dem gewählten Text,
schneidet ihn aus und klebt ihn in die Mitte des Foto-
karton-Bogens. Gestaltet um diesen Satz eure Collage.

Bildergeschichte ☺

Du brauchst:
▶ 1 Bilderbogen
▶ Buntstifte
▶ 1 Streichholzschachtel
▶ Schere und Klebstoff

Gestalte eine Bildergeschichte zur Geschichte von Rut:
Male die Bilderfolge aus.
Achtung: Ein Bild fehlt. Zeichne es in das vorgesehene Feld.
Schneide die Bilderfolge wie angegeben aus und klebe sie in die Streichholzschachtel.

Bedeutung der Namen ☺

Du brauchst:
▶ Papier (DIN A4)
▶ Stifte

Male eine Person aus der Geschichte:
Suche dir eine Person aus der Geschichte von Rut aus.
Male sie. Berücksichtige dabei die Bedeutung des Namens der Person.

Wenn du dich nicht mehr an die Bedeutung des Namens erinnern kannst,
hole dir die Hilfekarte „Die Namen und ihre Bedeutungen" oder schau
im Text nach.

Der Weg von Noomi und Rut ☺☺

Ihr braucht:
Verschiedene Materialien wie
▶ Muscheln
▶ Steine
▶ Tücher
▶ Federn …

**Noomi und Rut haben sich auf den Weg nach Bethlehem gemacht. Legt diesen Weg mit
verschiedenen Materialien nach.**

Ein Kunstwerk gestalten ☺

Der Maler Marc Chagall (1887–1985) hat verschiedene Bilder zum Buch Rut gemalt.
Das Bild, mit dem du nun arbeiten wirst, heißt „Ruts Treffen mit Boas".

Du brauchst:
▶ Umrissbild
▶ Farbstifte
▶ Farbkopie des Bildes
▶ Arbeitsblatt „Das Bild von Marc Chagall"

1. **Färbe das Bild nach deinen Vorstellungen ein.**
2. **Bearbeite den 1. Teil des Arbeitsblattes.**
3. **Vergleiche dein Bild mit dem Farbbild von Marc Chagall.**
4. **Bearbeite den 2. Teil des Arbeitsblattes.**

Itze/Moers: Psalmen
© Persen Verlag, Buxtehude

Rollenspiel ☺☺☺

Ihr braucht:
▶ Kostüme
▶ Faltanleitung „Minibuch"

1. **Einigt euch auf einen Abschnitt aus dem Buch Rut, den ihr spielen möchtet. Es bieten sich verschiedene an.**
2. **Bastelt euch ein Minibuch als Drehbuch. Schreibt den Text der Rollen hinein und was für Bewegungen sie machen sollen.**
3. **Einigt euch, wer welche Rolle übernimmt. Übt das Rollenspiel.**
4. **Ihr könnt auch Requisiten (das ist Zubehör für die Schauspieler und die Bühne) herstellen.**

Mögliche Abschnitte:
- Noomi und Elimelech gehen mit ihren Söhnen Machlon und Kiljon nach Moab.
- Noomi, Elimelech, Machlon und Kiljon treffen in Moab ein.
- Noomi, Rut und Orpa machen sich auf den Weg nach Bethlehem. Orpa entscheidet sich.
- Das Leben von Noomi und Rut in Bethlehem.
- Rut trifft Boas.
- Die Verhandlung am Stadttor.
- Die Hochzeitsfeier von Rut und Boas.

Stabpuppenspiel ☺☺☺

Ihr braucht:
▶ Vorlagen für die Stabpuppen
▶ Stifte und Tesafilm
▶ Stäbe
▶ Faltanleitung „Minibuch"

1. **Bastelt euch Stabpuppen.**
2. **Bastelt euch ein Minibuch als Drehbuch. Schreibt den Text der Rollen hinein.**
3. **Einigt euch, wer welche Rolle spielt.**
4. **Übt das Stabpuppenspiel.**

Ihr könnt auch Ausschnitte aus der Geschichte auswählen. Zum Beispiel:

- Noomi, Rut und Orpa machen sich auf den Weg nach Bethlehem. Orpa kehrt um.
- Noomi kehrt zusammen mit Rut in ihr Elternhaus zurück.
- Das Leben von Noomi und Rut in Bethlehem.
- Rut trifft Boas.
- Die Hochzeitsfeier von Rut und Boas.

Du brauchst:
▶ Papier (DIN A3)
▶ Wachsmalkreide
▶ Faltanleitung für ein „Minibuch"

1. **Suche dir Textabschnitte aus dem Buch Rut aus:**
   - Noomi und Elimelech gehen mit ihren Söhnen Machlon und Kiljon nach Moab.
   - Noomi, Elimelech, Machlon und Kiljon treffen in Moab ein.
   - Noomi, Rut und Orpa machen sich auf den Weg nach Bethlehem.
     Orpa entscheidet sich. Noomi kehrt in ihr Elternhaus zurück.
   - Das Leben von Noomi und Rut in Bethlehem.
   - Rut trifft Boas.
   - Die Verhandlung am Stadttor.
   - Die Hochzeitsfeier von Rut und Boas.

2. **Male zu den gewählten Textabschnitten mit Wachsmalkreiden passende Bilder.**
   Denke daran, dass du immer das gesamte Blatt farbig ausgestaltest.

3. **Schreibe zu jedem Bild in deinem Minibuch auf, was darauf passiert und übe einen**
   Erzählvortrag mithilfe deines Drehbuches ein.

1. **Lest euch den Textabschnitt, in dem Rut ihrer Schwiegermutter Treue verspricht,**
   noch einmal gut durch.

2. **Gestaltet ein Standbild zu diesem Textabschnitt.**
   Einigt euch vorher, wer von euch der „Bildhauer" ist.

3. **Lasst euer Standbild fotografieren.**

Itze/Moers: Psalmen
© Persen Verlag, Buxtehude

Brettspiel ☺☺☺

Ein Spiel für 4 Spieler

Ihr braucht:
- ▶ Spielbogen
- ▶ Ereigniskarten (grün)
- ▶ Würfel
- ▶ 4 Spielfiguren

Spielregeln:
Jeweils zwei Spieler (Rut und Noomi) spielen zusammen.
Gemeinsam wollen sie nach Bethlehem gehen.

Beide Spieler dürfen dann beginnen, wenn einer der beiden eine 1 gewürfelt hat (3x würfeln).

Jeder Spieler zieht nicht nur seine Spielfigur um die gewürfelte Punktzahl weiter, sondern auch die des Partners, d. h., dass Rut und Noomi nie getrennt werden.

Die Punktefelder sind die Ereignisfelder. Derjenige, der gewürfelt hat, muss eine Ereigniskarte ziehen und die Anweisung befolgen.

Das Paar, das als erstes Bethlehem erreicht, hat gewonnen.

Textpuzzle ☺

Du brauchst:
- ▶ Textpuzzle
- ▶ Papier (DIN A4)
- ▶ Schere und Klebstoff
- ▶ Hilfekarte „Textpuzzle" (zum Vergleich)

1. Schneide die Teile des Textpuzzles aus.
2. Bringe die Abschnitte in die richtige Reihenfolge.
3. Kontrolliere mit Hilfekarte 5.
4. Klebe die Puzzleteile in der richtigen Reihenfolge auf.

Hilfekarte: Tagebuch von Rut

Suche dir weitere Tage aus dem Leben von Rut aus, zum Beispiel den Tag,

- an dem ihr Mann Machlon stirbt.
- an dem Rut sich entschließt, mit Noomi und Orpa ihr Heimatland Moab zu verlassen.
- an dem Rut ihrer Schwiegermutter die Treue verspricht.
- an dem Rut und Noomi in Bethlehem eintreffen.
- an dem Rut Boas kennen lernt.
- an dem Rut sich zu Boas legt.
- an dem Rut und Boas heiraten.
- an dem Obed geboren wird.

...

Hilfekarte: Tagebuch von Noomi

Suche dir weitere Tage aus dem Leben von Noomi aus, zum Beispiel den Tag,

- an dem ihr Mann Elimelech stirbt.
- an dem ihre Söhne Moabiterinnen heiraten.
- an dem ihre Söhne sterben.
- an dem sich Noomi entschließt, Moab zu verlassen.
- an dem Rut ihrer Schwiegermutter die Treue verspricht.
- an dem Rut und Noomi in Bethlehem eintreffen.
- an dem Noomi ihrer Schwiegertochter den Rat gibt, sich zu Boas zu legen.
- an dem Rut und Boas heiraten.
- an dem Obed geboren wird.

...

Hilfekarte: Brief an Orpa

Du kannst Orpa berichten über ...

- den beschwerlichen Weg nach Bethlehem.
- das Leben von Noomi und Rut in Bethlehem.
- wie sich Boas und Rut kennen gelernt und ineinander verliebt haben.
- die Hochzeit von Rut und Boas.
- die Geburt von Obed.

...

Itze/Moers: Psalmen
© Persen Verlag, Buxtehude

Hilfekarte: Die Namen und ihre Bedeutungen

Name	Bedeutung
Noomi (Mara	die Liebliche die Bittere)
Elimelech	mein Gott ist König
Machlon	der Kränkliche
Kiljon	der Gebrechliche oder der Schwächliche

Name	Bedeutung
Rut	die Freundin
Orpa	diejenige, die sich abwendet
Boas	in ihm ist Kraft
Obed	Knecht / Diener Gottes oder Flüchtling / Ausländer

Hilfekarte: Textpuzzle

Lösung zu M 28

Rut, die fremd war in Bethlehem, sagte zu ihrer Schwiegermutter: „Ich gehe auf ein Feld und sammle Ähren bei jemandem, der es mir erlaubt." Eine glückliche Fügung führte sie auf das Feld Boas, dem Verwandten ihres Schwiegervaters Elimelech. Nachdem sie eine ganze Weile gesammelt hatte, kam Boas vorbei.

Er fragte einen seiner Knechte: „Wer ist das Mädchen?" Der Knecht antwortete: „Das ist die junge Ausländerin, die mit Noomi aus dem Land Moab zurückkehrte."

Boas wandte sich an Rut und sagte: „Du kannst hier in aller Ruhe so viele Ähren sammeln, wie du willst. Wenn du Durst hast, dann trinke aus den Wasserkrügen meiner Knechte."
Rut fiel vor ihm nieder und fragte erstaunt:

„Wie kommt es, dass du zu einer Ausländerin, die dir fremd ist, so freundlich bist?"

Boas antwortete: „Ich weiß genau, was du deiner Schwiegermutter Gutes getan hast, nachdem Elimelech und dein Mann gestorben sind.

Du bist hierher gekommen, in ein fremdes Land zu fremden Menschen und hast auf unseren Gott vertraut, um unter seinen Flügeln Schutz zu suchen.

Der Gott, der ein Gott der Flüchtlinge ist, weil wir selber einmal Flüchtlinge waren." Boas lud Rut ein, mit ihnen zu essen. Nachdem Rut gesättigt war, packte sie die Reste zusammen, um diese ihrer Schwiegermutter mitzubringen.

a) Rut 1,14-19

14 Da weinten Rut und Orpa noch mehr. Orpa küsste ihre Schwiegermutter und nahm Abschied; aber Rut blieb bei ihr.

15 Noomi redete ihr zu: „Du siehst, deine Schwägerin ist zu ihrem Volk und zu ihrem Gott zurückgegangen. Mach es wie sie, geh ihr nach!"

16 Aber Rut antwortete: „Dränge mich nicht, dich auch zu verlassen. Ich gehe nicht weg von dir! Wohin du gehst, dorthin gehe ich auch; wo du bleibst, da bleibe ich auch. Dein Volk ist mein Volk, und dein Gott ist mein Gott.

17 Wo du stirbst, will ich auch sterben, und dort will ich begraben werden. Der Zorn Gottes soll mich treffen, wenn ich nicht Wort halte: Nur der Tod kann mich von dir trennen."

18 Als Noomi sah, dass Rut so fest entschlossen war, gab sie es auf, sie zur Heimkehr zu überreden.

19 So gingen die beiden miteinander bis nach Bethlehem. Als sie dort ankamen, sprach es sich sofort in der ganzen Stadt herum, und die Frauen riefen: „Ist das nicht Noomi?"

Zu diesem Satz gestalte ich eine Collage:

b) Rut 4,13-17

13 So nahm Boas Rut zur Frau. Gott ließ sie schwanger werden, und sie gebar einen Sohn.

14 Da sagten die Frauen zu Noomi: „Gott sei gepriesen! Er hat dir heute in diesem Kind einen Löser geschenkt. Möge der Name des Kindes berühmt werden in Israel!

15 Es wird dir neuen Lebensmut geben und wird im Alter für dich sorgen. Denn es ist ja der Sohn deiner Schwiegertochter, die in Liebe zu dir hält. Wahrhaftig, an ihr hast du mehr als an sieben Söhnen!"

16 Noomi nahm das Kind auf ihren Schoß und wurde seine Pflegemutter.

17 Ihre Nachbarinnen kamen, um ihm einen Namen zu geben, denn sie sagten: „Noomi ist ein Sohn geboren worden!" Und sie gaben ihm den Namen Obed. Obed wurde der Vater Isais, Isai der Vater des Königs David.

Zu diesem Satz gestalte ich eine Collage:

Itze/Moers: Psalmen
© Persen Verlag, Buxtehude

Klebestreifen 1

Klebestreifen 2

ganz links auf
den Schachtel-
boden kleben

knicken

Fremde
werden
Freunde

Klebestreifen 1

Klebestreifen 2

den Schachtel-
boden kleben

(Deckblatt für die
Streichholzschachtel)

Rut

Itze/Moers: Psalmen
© Persen Verlag, Buxtehude

1. **Male das Bild mit Farben an, die deiner Meinung nach gut dazu passen.**

Teil 1

Was hat Marc Chagall deiner Meinung nach aus dem Buch Rut gemalt?

_____

_____

Ich habe die Farben _____ benutzt,

weil _____

_____ .

Bsp.: Ich habe den Hintergrund grün gemalt, weil …

Teil 2

Du hast dein Bild mit dem von Marc Chagall verglichen. Was fällt dir auf?

_____

_____

Warum hat der Maler wohl diese Farben gewählt?

_____

_____

Das möchte ich noch zu dem Bild von Marc Chagall sagen:

_____

_____

_____

_____

„Ruts Treffen mit Boas"

Das Bild hält den Moment der ersten Begegnung von Rut und Boas fest. Den Dialog der beiden hat Chagall in fast tänzerischer Armbewegung umgesetzt. Braun und Rot sind die beherrschenden Farben. Der satte Braunton signalisiert die Fruchtbarkeit der Felder von Bethlehem. Die große untergehende Sonne bildet das farbliche Gegengewicht dazu. Da nach jüdischem Verständnis der neue Tag mit dem Sonnenuntergang beginnt, liegt darin zugleich die Vorahnung der unerwarteten Wendung, die das Geschehen nehmen wird.

In der Bildmitte ist Boas mit braunem Gewand dargestellt. Sein linker Arm ist wie als Antwort auf die Handbewegung Ruts über den Kopf gelegt, mit der rechten Hand scheint er Rut einladend zuzuwinken. Rut tritt ihm in einem schönen, rotgemusterten Kleid entgegen. Sie ist die Aktivere und Dominierende von beiden. Auf ihrem Haar, ihrem Arm und auf dem Gesicht von Boas liegt das Rot der untergehenden Sonne. In dieser Darstellung kündigt sich bereits ihre spätere Liebesbeziehung an.

Beim Zustandekommen ihrer Ehe spielt Noomi keine unwichtige Rolle. Unterhalb des großen Sonnenballs auf dem helleren braunen Grund ist angedeutet, wie sie Rut ermutigt, sich nachts zu den Füßen von Boas auf dem freien Feld niederzulegen.

Itze/Moers: Psalmen
© Persen Verlag, Buxtehude

Textpuzzle   M 28

Er fragte einen seiner Knechte: „Wer ist das Mädchen?" Der Knecht antwortete: „Das ist die junge Ausländerin, die mit Noomi aus dem Land Moab zurückkehrte."

Der Gott, der ein Gott der Flüchtlinge ist, weil wir selber einmal Flüchtlinge waren." Boas lud Rut ein, mit ihnen zu essen. Nachdem Rut gesättigt war, packte sie die Reste zusammen, um diese ihrer Schwiegermutter mitzubringen.

Rut, die fremd war in Bethlehem, sagte zu ihrer Schwiegermutter: „Ich gehe auf ein Feld und sammle Ähren bei jemandem, der es mir erlaubt." Eine glückliche Fügung führte sie auf das Feld Boas, dem Verwandten ihres Schwiegervaters Elimelech. Nachdem sie eine ganze Weile gesammelt hatte, kam Boas vorbei.

Du bist hierher gekommen, in ein fremdes Land zu fremden Menschen und hast auf unseren Gott vertraut, um unter seinen Flügeln Schutz zu suchen.

„Wie kommt es, dass du zu einer Ausländerin, die dir fremd ist, so freundlich bist?"

Boas wandte sich an Rut und sagte: „Du kannst hier in aller Ruhe so viele Ähren sammeln, wie du willst. Wenn du Durst hast, dann trinke aus den Wasserkrügen meiner Knechte." Rut fiel vor ihm nieder und fragte erstaunt:

Boas antwortete: „Ich weiß genau, was du deiner Schwiegermutter Gutes getan hast, nachdem Elimelech und dein Mann gestorben sind.

Welche Mauersteine/Hindernisse muss Rut überwinden? Schreibe sie in die Steine.

Itze/Moers: Psalmen
© Persen Verlag, Buxtehude

1. **Wann musstest du schon einmal Hindernisse überwinden?**
   Schreibe Stichworte dazu in die Mauer.

2. **Wer hat dir dabei geholfen, sie zu überwinden?**
   Schreibe die Namen der Personen in die Figur des Helfers/der Helferin.

Mit meinem Gott kann ich über Mauern springen

Psalm 18,30b

Gabriele Tscherpel

Psalm 91,11.12 – Eine Unterrichtseinheit zum Thema „Engel" zur Erweiterung des kindlichen Gottesverständnisses (3./4. Schuljahr)

Denn er hat seinen Engeln befohlen, dass sie dich behüten auf all deinen Wegen,
dass sie dich auf Händen tragen und du deinen Fuß nicht an einen Stein stoßest. (Psalm 91,11.12)

Zur Sache

„Engel sind allgegenwärtig, und das nicht nur zur Weihnachtszeit. In vielen Zeitschriften, der Werbung, im Kino und in der Musikszene trifft man auf sie."[1] So kennen wir die „gelben Engel" des ADACs, die Engel, denen man begegnen kann, aus der Merci-Werbung, das Logo des Umweltengels, den Schutzengel der Provinzialwerbung oder auch den Philadelphia-Engel, der Frischkäse verzehrt. Ein klassisch christliches Thema ist somit mittlerweile voll säkularisiert.[2]

Um Kinder nicht der Willkür im Umgang mit Engeln zu überlassen, soll diese Unterrichtsreihe eine Orientierungshilfe anbieten und das Symbol „Engel" wieder in den Kontext seines religiösen Ursprungs setzen. Dies ermöglicht den Schülern, die biblisch-christliche Tradition der Engel zu erschließen, mit ihrer Lebenswirklichkeit in Beziehung zu setzen und zu vernetzen.[3]

Engelerfahrungen (auch am Beispiel der biblischen Geschichten oder Erfahrungen anderer Menschen) können den Kindern verdeutlichen, dass Engel nicht immer Flügel haben müssen. In Grenzsituationen des Lebens kann jeder zum Engel werden, der bei der Bewältigung von Schwierigkeiten hilft.[4] Der damit einhergehende seelsorgerische Aspekt ermöglicht die Anbahnung eigener Hoffnungsperspektiven[5] sowie „einen Orientierungsrahmen für persönliches Handeln."[6] So ermöglicht das Thema, die Erfahrungen der Schüler in ihrer Beziehung zu Gott mit den Erfahrungen der Kinder in ihrer Beziehung zu anderen Menschen zu verknüpfen.[7] Mit „Kindern von Engeln erzählen heißt also, auf den Schwerpunkt, das Wesentliche der Heilsgeschichte eingehen, von der Beziehung Gott – Menschen erzählen und nicht um das äußere Erscheinungsbild eines Engels kreisen, wie groß, wie klein er ist, wie hell oder dunkel, wie groß seine Flügel sind, wie sie aussehen u. a."[8] Dies bedeutet, dass bei dieser Thematik der Schwerpunkt der Zielsetzung auf die Gotteserfahrung der Menschen, hier der Kinder selbst, zu legen ist. So wird ihnen Raum gegeben, „eigene Gefühle und Lebenserfahrungen zur Sprache zu bringen und mit denen anderer zu vergleichen."[9] Die Thematik Engel knüpft somit an die Aufgabenschwerpunkte „Gott begleitet auf dem Lebensweg" sowie „Gott sucht den Menschen, Menschen suchen Gott" an und führt die Intentionen des Psalmwortes 139,3.5 sowie des Psalms 23 weiter.

Des Weiteren ist von Bedeutung, dass die Engelvorstellungen der Schüler in enger Verbindung zu ihrem Bild vom Himmel und von Gott stehen. Eine Weiterentwicklung bzw. Konkretisierung ihres Engelverständnisses im Sinne der biblisch-christlichen Überlieferung hat somit auch Auswirkungen in Hinblick auf die Entwicklung eines biblisch orientierten Gottesbildes.[10] Der Lehrplan fordert in allen Teilbereichen die Vermittlung eines Gottesbildes der Nähe und liebenden Begleitung.[11] Diese kann durch die gesamte Unterrichtsreihe angebahnt werden, denn „Kindern von Engeln zu erzählen bedeutet: ihr Vertrauen wecken, damit sie sich behütet wissen und ihre Hoffnung stärken, damit sie Selbstvertrauen gewinnen. Engelnähe bedeutet Gottesnähe."[12]

Unser Wort Engel stammt vom griechischen Wort αγγελος (Bote) und ist eine Übersetzung des hebräischen Wortes malàk (Bote, Gesandter, Melder).[13] Diese Boten werden als Mittler zwischen der Gottheit und den Menschen verstanden. Sie sind Boten Gottes[14], tragen jedoch menschliche Züge und „[...] begegnen Menschen in ihrer Alltagswelt. Ihre Funktionen sind: Mut machen, Hoffnung stiften, vom falschen Weg abbringen, aus verfahrenen Situationen heraushelfen, trösten und stärken, in Gefahren begleiten, sich in den Weg stellen, in Bewegung setzen."[15] In der Bibel sind kaum Aussagen über Aussehen oder Identität der Engel als Boten Gottes getroffen. Anders als in den abendländischen Vorstellungen interessiert nicht die Seinsweise der Engel, sondern ihre Funktion und ihre Wirkung auf den Menschen.[16] Ihre Botschaft geht immer mit einer Wandlung einher, sodass Westermann schreibt: „Es sind nicht dieselben Augen, die den Engel fortgehen sehen. Das Entscheidende geschah dazwischen: Ihre Augen wurden aufgetan."[17] Die Begegnung mit einem Engel ist somit Gottes persönliche Zu-

62

wendung zu einem Menschen, die oft auch Rettung und Bewahrung in größter Not bedeutet.[18] Darauf basiert die Symbolik des Schutzengels: Gott stellt uns seine Begleiter zur Seite, die uns helfen und beschützen. Diese ist heutzutage unabhängig von religiöser Sozialisierung und zum Teil auch losgelöst von der biblischen Tradition weit verbreitet.[19] Westermann betont, dass gerade der Schutzengel bei den Kindern eine besondere Bedeutung hat.[20] Ihn im Sinne der biblischen Tradition aufzugreifen und mit der Lebenswirklichkeit der Kinder zu verknüpfen, ermöglicht es, das Engelverständnis der Schüler zu erweitern, indem das Wirken Gottes durch Engel an Hand eigener Erfahrungen, Erlebnisse, Wünsche und Hoffnungen mit der eigenen Lebenswirklichkeit verknüpft wird. Der Schutzengel wird besonders durch seine Aufgaben (trösten, Mut machen, Vertrauen schenken, zum Erfolg oder zur Versöhnung verhelfen) definiert. Diese werden in der intensiven Auseinandersetzung mit dem Psalmwort deutlich. Besonders die Sprache der Psalmen, gekennzeichnet durch zeitlose Bilder, die aus menschlichen Alltagssituationen und Erfahrungen stammten, ermöglichen uns noch heute einen Zugang.[21] Dies gilt für das ausgewählte Psalmwort in besonderer Weise, da es eine den Kindern bekannte Symbolik beinhaltet, die ihnen eine Verknüpfung mit eigenen Erfahrungen auf Anhieb ermöglicht. So kann anhand konkreter Erfahrungen der Kinder verdeutlicht werden, dass uns Engel in Gestalt anderer Menschen begegnen und so auch wir für andere zu Engeln werden können.

Der Glaube an Engel, auch in seiner Verbindung zum Gottesverständnis, kann somit auch dann noch weitergeführt werden, wenn die kindlich anthropomorphe Engelvorstellung ein Ende findet.

Lernchancen

Ziel dieser Unterrichtsreihe ist es, dass die Schüler sich ihres eigenen Engelverständnisses bewusst werden und dieses im Laufe der Reihe reflektieren und erweitern. Dabei lernen sie Engel zunächst als Boten Gottes kennen, die unterschiedliche Funktionen wahrnehmen können und erfahren, dass sie zugleich Ausdruck für Gottes verborgenes Wirken in der Welt sind. So erweitern sie vor allem durch Psalm 91,11.12 ihr Engelverständnis, indem sie das Wirken Gottes durch Engel anhand eigener Erfahrungen, Erlebnisse, Wünsche und Hoffnungen in ihrer eigenen Lebenswirklichkeit entdecken. Dadurch wird ein Engelverständnis angebahnt, das sowohl Hoffnungs- als auch Handlungsperspektiven anbietet, auch in Hinblick auf das Leben in der Gemeinschaft. Die Schüler können so in ersten Ansätzen die Erkenntnis anbahnen, dass uns Engel in Gestalt anderer Menschen begegnen oder auch wir für andere zum Engel werden können.

Vorüberlegungen

Engel werden den Kindern im Verlaufe der Schuljahre in biblischen Geschichten (Abraham, Weihnachtsgeschichte, Passion und Auferstehung) immer wieder begegnen. Gerade der Engel als Bote bzw. in der Funktion des Schutzengels findet sich in den Vorstellungen der Kinder sowie in den ihnen bekannten biblischen Geschichten wieder, sodass dies ein wichtiger Anknüpfungspunkt für das Unterrichtsvorhaben ist und durch eine eigene Sequenz aufgegriffen, verknüpft und vertieft wird. Hier sollte vor allem auf vertraute biblische Geschichten zurückgegriffen werden.

Darüber hinaus setzt das Unterrichtsvorhaben eine Reihe von Vorerfahrungen voraus. So ist es besonders im Umgang mit dem Psalmwort hilfreich, wenn die Kinder bereits erste Erfahrungen sowohl im Umgang mit der Sprache der Psalmen, als Ausdruck eigener existenzieller Erfahrungen, als auch in Bezug auf die kreative Umsetzung gemacht haben. (vgl. S. 28–36 in diesem Buch.)

Des Weiteren sollte mit den Kindern das Symbol „Stein" in Form von Stolper- oder Kummersteinen bereits erarbeitet sein. Gerade in Zusammenhang mit der Thematik „Wege gehen" lässt sich dies mit den Schülern am eigenen Lebensweg gut erarbeiten. Da besonders viele biblische Geschichten als Weggeschichten erzählt werden können, kann dieses im Verlauf des Religionsunterrichts im Sinne des Spiralcurriculums immer wieder aufgegriffen werden. So ist den Kindern die Bedeutung eines Wegbegleiters bekannt und kann durch diese Unterrichtsreihe im Hinblick auf den Aspekt „Gott begleitet auf dem Lebensweg – durch seine Engel" erweitert werden.

Übersicht über den Verlauf

1. Sequenz: So stelle ich mir einen Engel vor

Material:
- Fantasiereise (**M 1**)
- Lied „Von guten Mächten …" (**M 2**)

Verlauf:
Anhand einer Fantasiereise (**M 1**) werden Assoziationen und Vorwissen der Kinder aktiviert und in Wort und Bild festgehalten. Die Engelvorstellungen der Kinder werden für gewöhnlich dem klassischen Bild eines Engels mit Flügeln, einem weißen Gewand sowie Heiligenschein entsprechen und dienen vor allem am Ende der Unterrichtsreihe zur Reflexion der Weiterentwicklung der eigenen Engelvorstellungen.
Unterschiede und Gemeinsamkeiten sollten am Ende der Stunde gemeinsam erarbeitet, reflektiert und von der Lehrperson als Grundlage für die zweite Sequenz gesammelt werden. Ferner kann mit den Kindern das Lied „Von guten Mächten wunderbar geborgen" (**M 2**) eingeübt werden. So kann der Geborgenheits- und Hoffnungsaspekt der Thematik aufgegriffen werden und der Unterrichtsreihe einen musikalischen Rahmen geben.

2. Sequenz: Die Vielfalt unserer Engelvorstellungen wahrnehmen

Material:
- Reflexionszielscheiben (**M 3**)
- Arbeitsblatt „Engel" (**M 6**)

Verlauf:
Als Einstieg in diese Sequenz können die Engelbilder und Erläuterungen aus der vorherigen Stunde genutzt werden, bevor mithilfe von Reflexionszielscheiben[22] (**M 3**) Gemeinsamkeiten und Unterschiede der individuellen Vorstellungen reflektiert werden. Die Reflexionszielscheibe ist zuvor von der Lehrperson vorbereitet worden. Von den Kindern benannte Eigenschaften und Attribute der Engel werden auf der Reflexionszielscheibe angeordnet. Die Kinder erhalten den Auftrag, in Einzelarbeit diesen Aspekten eine Gewichtung – von 0 (trifft gar nicht zu) bis 10 (trifft ganz zu) – zu verleihen, die sie mit Kreuzen auf den Zielscheiben festhalten. Verbindet man nun diese Kreuze miteinander, erhält man einen mehr oder weniger symmetrischen Stern, dessen Innenfläche

zur besseren Übersicht ausgemalt werden sollte (s. **M 4**). Die so entstandenen Sterne sind Grundlage eines Reflexionsgespräches, denn auch wenn sich einige Aspekte der Vorstellungen gleichen, so wird es kaum identische Scheiben geben. So kann die Vielfalt der Engelvorstellungen herausgearbeitet werden, bevor die Schüler sich in Form einer Textarbeit mit einer ersten Definitionen zum Thema „Engel" (**M 6**) auseinandersetzen.

3. Sequenz: Engel in der Bibel

Material:
- Arbeitsblätter „Biblische Engelgeschichten" (**M 7a–M 7f**)
- Lied „Der Engel" (**M 5**)

Verlauf:
Ziel der dritten Sequenz ist es, anhand vertrauter Geschichten (z. B. 1. Mose 18 u. 19; 1. Kön 19,1-8; Lk 1,26–38; Lk 2,8–14; Mt 28,1–8) das biblische Verständnis der Engel in ihren unterschiedlichen Funktionen als Boten Gottes (Verkündigungsengel, Friedensengel …) herauszuarbeiten und zu entdecken, dass über deren äußere Gestalt in der Bibel keine genauen Aussagen getroffen werden. Die Kinder erhalten den Auftrag, die Aufgabe der Engel in den verschiedenen biblischen Geschichten herauszuarbeiten (**M 7a–M 7f**).
Die einzelnen Geschichten können in einem Stationslauf angeboten werden. Dabei ist sowohl Gruppen-, Partner- als auch Einzelarbeit möglich.
Zum Abschluss kann das Lied „Der Engel" (**M 5**) eingeführt werden. Es greift zum einen einige der biblischen Geschichten noch einmal auf, zum anderen bietet es die Möglichkeit, mit den Schülern zu erarbeiten, dass Engel und somit Gottes Wirken oft erst verspätet erkannt werden.

4. Sequenz: Der Schutzengel

Material:
- Bibelgeschichte „Ein seltsamer Wegbegleiter" (**M 8a–8c**)
- Symbole (**M 9**)
- Seil

Verlauf:
Besonders die Geschichte von Tobias und dem Engel Rafael (**M 8a–8c**) veranschaulicht die Bedeutung des biblischen Schutzengels als Wegbegleiter, der erst im Nachhinein Gottes Han-

Itze/Moers: Psalmen
© Persen Verlag, Buxtehude

deln erkennen lässt. Da es sich bei dieser Geschichte um eine Weggeschichte handelt, bietet es sich an, diese Geschichte mithilfe eines Bodenbildes zu erzählen. Dabei verdeutlicht ein Seil den Weg des Tobias. Die unterschiedlichen Ereignisse auf seinem Weg werden mithilfe der Symbole[23] (**M 9**) Taschentuch (für den Abschied), Papierfisch (Tobias und der Fisch), Hochzeitsschleier (Tobias und Sara) und Beutel mit Goldtalern (Rafael holt das Geld) festgehalten. Die Fragen „Wer war Rafael?", „Welche Aufgabe hatte er?" und „Von wem hatte er diese Aufgabe bekommen?" ermöglichen es dann, die Bedeutung eines Schutzengels herauszuarbeiten.

Als Vertiefung dieser Sequenz eignen sich verschiedene Methoden. Arbeitsteilig kann beispielsweise ein Wandleporello zur Geschichte entstehen. Auch ist es möglich, die Schüler noch einmal die Bedeutung Rafaels in der Geschichte herausarbeiten zu lassen.

5. Sequenz: Denn er hat seinen Engeln befohlen, dass sie dich behüten auf all deinen Wegen, dass sie dich auf Händen tragen und du deinen Fuß nicht an einen Stein stoßest. (Ps 91,11.12)

Material:
• Engelumriss (**M 10**)
• Engelkarten (**M 11a–M 11e**)
• Bildimpuls (**M 12**)
• Wortimpuls (**M 13**)
• Seil, Steine, Plakat

Verlauf:
Mithilfe des Psalmwortes sollen die Kinder das Wirken Gottes durch Engel auf die eigene Lebenswirklichkeit übertragen und anhand eigener Erfahrungen, Erlebnisse, Wünsche und Hoffnungen die Erkenntnis gewinnen, dass uns Engel in Gestalt anderer Menschen begegnen können. Zum Einstieg wird das Seil der vorangegangenen Stunde genutzt. Nun allerdings bilden Steine die Wegstationen. Zunächst kann anhand dieses Bodenbildes die Geschichte des Tobias wiederholt werden, bevor die Kinder diesen Weg auf ihr eigenes Leben übertragen. „Steine" (Probleme, Sorgen …) auf dem eigenen Lebensweg können dabei zunächst von den Kindern benannt und gesammelt werden. Anschließend wird das Psalmwort, notiert auf einem Plakat, als stummer Impuls zu dem Bodenbild gelegt. Es regt dazu an, über Engel im eigenen Leben nachzudenken. Zur Vertiefung halten die Kinder ihre eigenen Erfahrungen in einem stilisierten Engelumriss (**M 10**)

fest. Dazu kann einer der folgenden Schreibimpulse gewählt werden:
1. Ein Engel war bei mir, als ich …, 2. Ich brauche einen Engel bei mir, wenn … Um diese Satzanfänge vervollständigen zu können, helfen ihnen die Engelkarten[24] (**M 11a–M 11e**). Diese sollen Assoziationen zur eigenen Lebenswirklichkeit wecken und dienen somit als Schreibanlass. Der Schutzengel wird auf den Karten auf vielfältige Weise genauer definiert. Sie dienen als Gedächtnisstütze und können im Anschluss als Erinnerung mitgenommen werden.

Besonders wichtig ist der gemeinsame Abschluss dieser Sequenz. Die Kinder erhalten zunächst die Möglichkeit, ihre Erfahrungen auszutauschen. Dabei sollte kein Schüler gezwungen werden, seine eigenen, vielleicht sehr persönlichen Erfahrungen preiszugeben. Die „ausgefüllten" Engelumrisse aller sollten zum Abschluss der Stunde das Bodenbild ergänzen. So erfolgt eine Wertschätzung und Würdigung aller Arbeitsergebnisse. Zudem bietet sich in einem Reflexionsgespräch die Möglichkeit, das Engelverständnis bezüglich eigener Hoffnungs- und auch Handlungsperspektiven zu erweitern. Die beiden Karten „Bildimpuls" (**M 12**) und „Wortimpuls" (**M 13**) ermöglichen der Lehrkraft, das Gespräch zu lenken. So erhält die Intention der anknüpfenden Sequenz, nämlich dass wir selbst zu Engeln werden können, eine fundierte Grundlage.

In einem zweiten Teil dieser Sequenz kann das Psalmwort kreativ erarbeitet werden. Dafür finden sich in diesem Buch (s. S. 28 ff.) viele Anregungen. Einige dieser Möglichkeiten lassen sich vielleicht in Form von Psalmenkarten umsetzen, die die Kinder später verschenken können. Des Weiteren kann über chorisches Sprechen oder in Form eines Satzpuzzles der Psalm gemeinsam mit den Kindern eingeübt werden.

6. Sequenz:
Auch wir können für andere Engel sein

Material:
• Geschichte „Es ist schwer, ein Engel zu sein" (**M 14**)
• Lied „Die Engel haben viele Gesichter" (**M 15**)

Verlauf:
In dieser Sequenz wird mithilfe der Geschichte „Es ist schwer, ein Engel zu sein" (**M 14**) verdeutlicht, dass andere für uns und wir für andere Engel sein können, auch wenn dies

nicht immer einfach ist. So werden Handlungsperspektiven im Hinblick auf das Leben in der Gemeinschaft erarbeitet, die in Form einer Gemeinschaftscollage festgehalten werden können.

Anhand des Liedes „Die Engel haben viele Gesichter" (**M 15**) kann gemeinsam mit den Kindern erarbeitet werden, worin der Verfasser die Aufgaben von Engeln heute sieht. In Einzelarbeit können sie überlegen, wann sie selbst konkret zu einem Engel werden können. Dies können sie in Form einer eigenen Engelkarte „Ich will ein Engel für dich sein und ..." festhalten und diese gegebenenfalls verschenken.

7. Sequenz: Engel in der heutigen Zeit

Material:
* „Engelwerbung" aus Zeitungen und Zeitschriften, Videomitschnitte von Werbefilmen, Postkarten mit Engeln
* verschiedene Geschichten, in denen Engel vorkommen etc.

Verlauf:
Wie bereits angedeutet, finden sich Engel in heutiger Zeit auch in der Werbung wieder. Anhand verschiedener Werbeannoncen oder Werbefilme erarbeiten die Kinder das Engelbild, welches uns durch die Werbung vermittelt wird. So setzen sie sich kritisch mit der Säkularisierung von Engeln in unserer heutigen Zeit auseinander. Dadurch wird den Schülern verdeutlicht, dass es beispielsweise keine vertraglich zugesicherten Schutzengel, wie es die Werbung suggeriert, gibt. Als Gegenposition können die Kinder in dieser Sequenz Lernplakate erstellen, die ihre gewonnene Sicht der Thematik zeigt. Dafür sollten verschiedene Materialien wie Engelbilder, -postkarten und -geschichten, wenn möglich auch ein Internetanschluss zur weiteren Recherche zur Verfügung stehen. Diese Plakate können im Anschluss nicht nur in der Lerngruppe vorgestellt werden, sondern vielleicht auch eine mögliche Ausstellung zur Thematik ergänzen.

8. Sequenz: Das eigene Engelverständnis hinterfragen

Material:
* ggf. Reflexionskarten (**S. 36**)
* ggf. Reflexionszielscheiben (**M 3**)

Verlauf:
Zum Abschluss der Unterrichtsreihe soll bewusst der Bezug zu den zu Beginn festgehaltenen Engelvorstellungen gezogen werden, um sich der Erweiterung der eigenen Vorstellungen bewusst zu werden. Dies kann in Form von Reflexionskarten (vgl. S. 36) in mündlicher als auch schriftlicher Form geschehen. Auch ist es möglich, vielleicht noch einmal die Reflexionszielscheiben (**M 3**) zu nutzen, um im direkten Vergleich zu schauen, was sich in den eigenen Vorstellungen geändert hat. Eine Vertiefung bietet sich dabei in schriftlicher Form an, indem die Kinder „ihren" Engel beschreiben oder ihre Vorstellungen in Form von Engel-Elfchen festhalten.

Als Ergänzung der Unterrichtsreihe bieten sich folgende, fächerübergreifende Angebote an:
Im Kunstunterricht kann vor allem eine Auseinandersetzung mit Engeldarstellungen in der bildenden Kunst erfolgen. Durch die Betrachtung von Engeldarstellungen verschiedener Künstler sowie durch das eigene kreative Gestalten zur Thematik können die Kinder eigene Engelvorstellungen bestätigen oder erweitern. Darüber hinaus kann im Deutschunterricht mit kreativen Schreibanlässen, eingebunden in eine Schreibwerkstatt, gearbeitet werden.
Gerade bei einer fächerübergreifenden Verknüpfung der Thematik bietet es sich an, dass die Kinder ein Portfolio mit dem Schwerpunkt der Entwicklung des eigenen Engelverständnisses erstellen.

Itze/Moers: Psalmen
© Persen Verlag, Buxtehude

[1] Kessler/Reif 2004, S. 1

[2] „Die Engel sind älter als alle Religionen, und sie kommen auch noch zu den Menschen, die von Religion nichts mehr wissen wollen." In: Westermann 1978

[3] Vgl. Ministerium für Schule, Jugend und Kinder des Landes Nordrhein-Westfalen 2003, S. 129

[4] Menschen, weltweit bekannt, erhalten das Attribut „Engel" aufgrund ihres ungewöhnlichen Engagements für andere Menschen: Florence Nightingale: „Engel der Verwundeten" (im Krim-Krieg); Elsa Brandström: „Engel der Gefangenen" (1. Weltkrieg in russischen Gefangenenlagern); Mutter Teresa „Engel der Armen" o. ä. Vgl. Veit 2003, S. 3

[5] „dass zu allen Zeiten Menschen aus ihrem Glauben heraus Hoffnung für sich und ihr Leben finden können" ; Ministerium für Schule, Jugend und Kinder des Landes Nordrhein-Westfalen 2003, S. 134

[6] Ebd., S. 129

[7] Vgl. ebd., S. 130

[8] Kett 1984, S. 37.

[9] Ministerium für Schule, Jugend und Kinder des Landes Nordrhein-Westfalen 2003, S. 130

[10] „Gottes Souveränität, unfassbar für Menschen, öffnet sich auch in den Engeln als seine Boten. Die machen Gottes Wirkkräfte für Menschen spürbar, erfahrbar, erlebbar, erzählbar, zumindest subjektiv real existent." Veit 2003, S. 3

[11] Vgl. Ministerium für Schule, Jugend und Kinder des Landes Nordrhein-Westfalen 2003, S. 143

[12] E. Domay zit. n. Veit 2003, S. 3

[13] Vgl. Jürgensen 1996, S. 5

[14] Im Alten Testament finden sich zwei Arten von Wesen, die heute mit dem Begriff Engel umschrieben werden, deren Ursprung aber unterschiedlichen Vorstellungskreisen zuzuordnen ist: zum einen die Boten Gottes, zum anderen Gottes Hofstaat (die geflügelten Sarafen oder Cheruben); Vgl. Westermann 1978, S. 22. Und obwohl letztere nicht mit den malàk, den Boten, gleichzusetzen sind, ging die Vorstellung der geflügelten Wesen auf die Boten über. „Die Bibel unterscheidet im Urtext sprachlich nicht zwischen Boten und Engeln; diese Differenzierung geht erst auf die lateinische Bibelübersetzung zurück." Vgl. Rickers/Mette 2001, S. 403.
Hier werden durch das Wort „angulus" im Unterschied zum nuntius (menschlicher Bote) die göttlichen Boten bezeichnet; vgl. Jürgensen, S. 5
So wird im heutigen Sprachgebrauch mit dem Begriff Engel eine Vielfalt von Engelvorstellungen zusammengefasst; vgl. Rickers, Mette 2001, S. 403. „Der Oberbegriff Engel wurde beherrschend, ihm ordnete man die verschiedenen Arten oder Gruppen von Engeln unter. Und damit geschah es, dass alle Engel Flügel bekamen. Die Flügel sind gewissermaßen die Uniform der Engel geworden." Vgl. Westermann 1978, S. 19

[15] Freudenberger 2000, S. 57

[16] Vgl. Rickers/Mette 2001, S. 403

[17] Westermann 1978, S. 85

[18] Vgl. Rickers/Mette 2001, S. 405

[19] Vgl. Begründung der Thematik und Zielsetzung.

[20] Vgl. Westermann 1978, S. 92

[21] Sie berichten von elementaren Erfahrungen der Menschen, die, wenn auch in bestimmten Situationen verwurzelt, doch zeitlos und somit auch heute für uns noch verständlich und nachvollziehbar sind. „Die Psalmen haben die ganze Leidenschaft der Angst und Freude bewahrt; sie sind allgemeingültig und dennoch ganz konkret geblieben." Baldermann 2004[7], S. 20

[22] Die Idee, das kindliche Gottesverständnis mithilfe einer Reflexionszielscheibe zu erfassen, stammt von Eveline Waterboer.

[23] Die Symbole, die hier als Erzählhilfe verwendet werden, sind an eine Idee von Kübler 2001 angelehnt.

[24] Die Engelskizzen entstanden in Zusammenarbeit mit Nina Wendt.

Die Kinder sollten Stilleübungen bzw. Fantasiereisen bereits kennengelernt haben.
Die Länge dieser Fantasiereise ist überschaubar, sodass auch Lerngruppen mit wenig
Erfahrung dazu angeleitet werden können.

Vorbereitung:

▶ Eine meditative Stimmung schaffen (Raumwahl, dämmriges Licht, meditative Ruhe,
innere Ruhe der Lehrperson: ruhige und langsame Stimme).

▶ Kinder in eine angenehme Sitz- bzw. Liegehaltung führen.

Hinführung:

Du wirst nun ganz still und schließt deine Augen. Atme tief ein und wieder aus.
In deinem Kopf sind noch viele Gedanken. Lass sie wie Wolken am Himmel vorbeiziehen.
Du wirst ganz ruhig. Atme noch einmal ein und wieder aus. Spüre, wie dein Atem kommt
und geht.
Ich lade dich nun zu einer Reise ein ...

Stell dir vor, du bist an einem weit entfernten Ort. Du blickst in die Ferne ...,
da siehst du einen Engel.
Neugierig schaust du ihn dir von allen Seiten an: ... seine Umrisse ... seine Farben ...
seine Umgebung.
Wie sieht er aus, dein Engel? ... Ist er groß? ... Hat er Flügel? ... Trägt er ein Kleid?
Beobachte ihn sorgfältig: Wie sind seine Haare? ... Vielleicht hält er etwas in den Händen.
Kannst du sein Gesicht erkennen? ... Vielleicht erinnert er dich an jemanden ...
Schaue ihn genau an, deinen Engel.
Hat er dich schon einmal begleitet? Dir vielleicht schon einmal geholfen?
Betrachte ihn noch einmal ganz genau.

Zurückholen:

Nun wird es Zeit, sich von deinem Engel zu verabschieden. Langsam kommst du zurück
in unser Klassenzimmer. Das Bild deines Engels bleibt in deiner Erinnerung. Bewahre es
in deinen Gedanken.
Atme tief ein und wieder aus. Öffne langsam deine Augen. Atme tief durch. Strecke deine
Arme. Balle deine Fäuste. Wenn du magst, darfst du auch gerne gähnen.

Itze/Moers: Psalmen
© Persen Verlag, Buxtehude

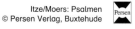

Text: Dietrich Bonhoeffer, Melodie: Siegfried Fietz

Strophe

1. Von gu - ten Mäch - ten treu und still um - ge - ben,
be - hü - tet und ge - trös - tet wun - der - bar,
so will ich die - se Ta - ge mit euch le - ben
und mit euch ge - hen in ein neu - es Jahr.

Refrain

Von gu - ten Mäch - ten wun - der - bar ge - bor - gen
er - war - ten wir ge - trost, was kom - men mag.
Gott ist bei uns am A - bend und am Mor - gen
und ganz ge - wiss an je - dem neu - en Tag.

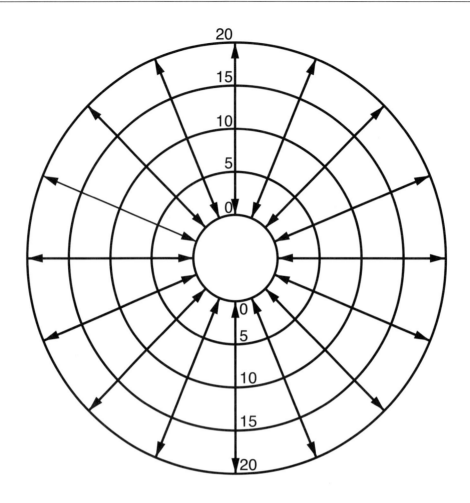

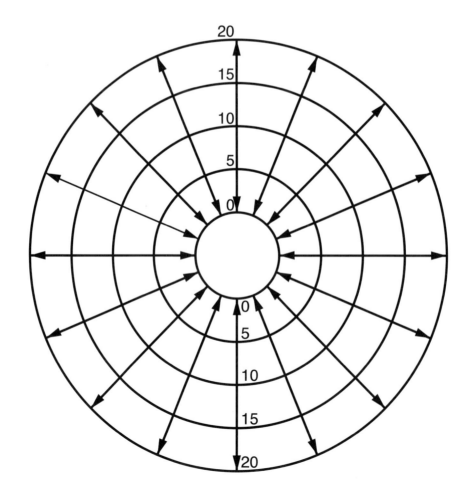

Itze/Moers: Psalmen
© Persen Verlag, Buxtehude

Reflexionsscheibe (ausgefüllt)

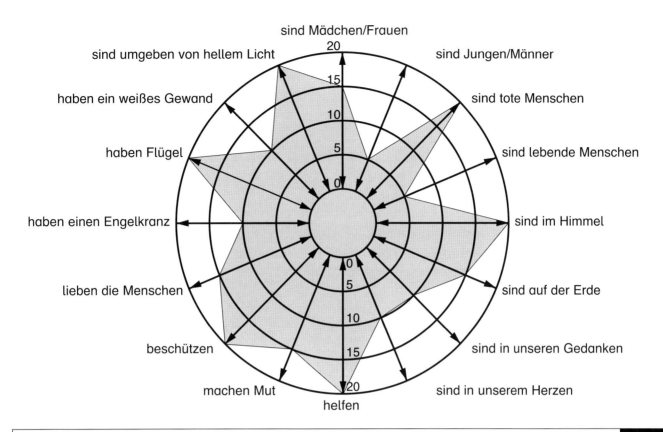

Der Engel

Text: Rolf Krenzer, Melodie: Fritz Baltruweit

2. Hirten erschrecken inmitten der Nacht
   und haben zum Stall auf den Weg
   sich gemacht.
   Von Gott geschickt allein!
   Das muss ein Engel gewesen sein.

3. Hände wie deine, wie du sein Gesicht.
   Und er kommt von Gott und du weißt
   es noch nicht.
   Und wirst nie sicher sein.
   Das kann ein Engel gewesen sein.

Was sind Engel?

Unser Wort Engel stammt vom griechischen Wort „angelos".
Schreibt man es mit griechischen Buchstaben, sieht es so aus:

αγγελος

Wenn du dir das Wort angelos einmal genau anschaust, siehst du, dass
sich dort eines unserer Wörter versteckt. Tausche den ersten Buchstaben
gegen ein E und lass den Schluss weg, dann erhältst du:

E
~~angelos~~

Beides – angelos oder Engel – bedeutet Bote. Engel sind Boten Gottes.
Sie haben die Aufgabe, Gottes Botschaft zu den Menschen zu tragen.
Wie sie aussehen, ist dabei gar nicht wichtig. Darüber erfahren wir auch
in der Bibel nur wenig.

> Wo ich geh und wo ich steh,
> sei du, mein Engel, in der Näh.
> Bei jedem Schritt, bei jedem Tritt
> geh du, mein Engel, mit.
> Amen.
> *(mündlich überliefertes Gebet)*

> Engel
> Boten Gottes
> begleiten die Menschen
> auf all ihren Wegen
> helfen

1. **Lies die Texte und beantworte die Frage: Was sind Engel?**

2. **Schreibe einen eigenen Text oder ein Gedicht über Engel.**

Itze/Moers: Psalmen
© Persen Verlag, Buxtehude

Drei Boten bringen Abraham und Sara eine Botschaft

Auf ihrer Reise durch die Wüste waren Abraham und Sara sehr traurig. Zwar hatte Gott ihnen Kinder versprochen, aber beide waren schon sehr alt und hatten bisher keine Kinder bekommen.

Eines Tages saß Abraham vor seinem Zelt und schaute ins Land hinaus. Da sah er drei Männer kommen. Schnell stand er auf, lief ihnen entgegen und grüßte sie freundlich: „Willkommen! Seid meine Gäste! Setzt euch zu mir in den Schatten! Ruht euch ein wenig aus! Und stärkt euch, bevor ihr weiterzieht!" Dann lief er zu Sara ins Zelt und bat sie: „Auf, eil dich! Back einen Kuchen!" Und seinem Knecht rief er zu: „Schnell, schlachte ein Kalb und mach einen zarten Braten!" Er selbst aber holte Milch und Butter herbei und bediente die fremden Gäste. Aber wer waren die Fremden? Abraham wagte nicht, sie zu fragen.

Als die drei gegessen hatten, fragte der eine von ihnen: „Wo ist deine Frau Sara?" „Drinnen im Zelt", antwortete Abraham erstaunt. Woher wusste der Fremde, wie seine Frau hieß? „Hör zu!", sagte der Fremde. „Ich habe eine gute Nachricht für dich. Nächstes Jahr wird Sara einen Sohn haben."

Abraham war sprachlos. Was sagte der Fremde? Woher wusste er das? Und was würde Sara dazu sagen, wenn sie es hörte? Aber Sara hatte es bereits gehört. Sie stand im Zelt hinter der Tür und hatte gelauscht. „Was?", sagte sie zu sich und lachte leise in sich hinein. „Ich soll noch ein Kind bekommen?"

„Warum lacht Sara?", fragte der Fremde. „Traut sie denn Gott nicht zu, dass er ihr ein Kind schenken kann?"

Als Sara das hörte, kam sie schnell aus dem Zelt und wehrte erschrocken ab: „Aber ich habe ja gar nicht gelacht." „Doch!", meinte der Fremde. „Du hast wirklich gelacht." Da ahnten Abraham und Sara, wer zu ihnen gekommen war. Gott hatte sie besucht, begleitet von seinen Engeln. Gott selbst hatte ihnen die gute Nachricht gebracht.

Und die Botschaft wurde wahr. Sara bekam ein Jahr später einen Sohn.

(nach 1. Mose 18)

1. **Lies den Text so, dass du uns die Geschichte später erzählen kannst.**

2. **Welche Aufgabe haben die Engel in der Geschichte?**

_____

_____

_____

_____

_____

Engel ergreifen Lot bei der Hand

Lot lebte mit seiner Familie in Sodom. Als die Stadt zerstört wurde, wollte Gott ihn retten und schickte Engel zu Lot und seiner Familie. Lot erkannte sie nicht, lud sie aber ein, in sein Haus zu kommen.

Da erzählten die Engel, warum sie gekommen waren. „Auf!", drängten sie Lot. „Nimm deine Frau und deine beiden Töchter und flieh mit ihnen aus der Stadt, bevor es zu spät ist! Denn Gott wird Sodom zerstören."

Als Lot das hörte, wurde er blass vor Schreck. Hatte er recht gehört? Er sollte fliehen? Aber sein Haus? Und seine Schafe? Was würde aus ihnen? Lot zögerte noch.

Schon wurde es draußen hell. Der Morgen brach an. „Auf, eil dich!", drängten die Engel. „Sonst kommst auch du um." Und sie nahmen Lot, seine Frau und seine Töchter an ihre Hand und führten sie schnell hinaus vor die Stadt.

(nach 1. Mose 19)

1. **Lies den Text so, dass du uns die Geschichte später erzählen kannst.**

2. **Welche Aufgabe haben die Engel in der Geschichte?**

_____

_____

_____

_____

_____

Itze/Moers: Psalmen
© Persen Verlag, Buxtehude

Ein Engel versorgt Elia in der Wüste

Die Königin Isebel wollte Elia töten. Als Elia das hörte, floh er in die Wüste, so schnell er konnte. Er lief und lief immer weiter. Er hielt nicht an bis zum Abend. Dann warf er sich erschöpft unter einen Strauch auf die Erde und rief: „Es ist genug! Ich kann nicht mehr weiter. Gott, lass mich sterben!" Danach fiel er in einen langen, tiefen Schlaf.

Aber plötzlich wachte er auf. Jemand hatte ihn berührt. Wer war das? Elia schlug seine Augen auf. Da sah er einen Mann vor sich, einen Engel Gottes. „Elia!", sprach der Engel. „Steh auf und iss!" Elia schaute sich um.

Tatsächlich! Da lag ein geröstetes Brot neben ihm. Auch ein Wasserkrug stand dabei. Elia aß von dem Brot und trank das Wasser. Dann legte er sich wieder hin und schlief ein. Aber der Engel berührte ihn noch einmal und rief: „Elia! Steh auf und iss! Denn du hast einen weiten Weg vor dir." Da stand Elia auf, stärkte sich und machte sich auf den Weg. Vierzig Tage lang wanderte er durch die Wüste, bis er an den Berg Sinai kam. Dort redete Gott mit ihm.

(nach 1. Kön 19,1-8)

1. **Lies den Text so, dass du uns die Geschichte später erzählen kannst.**

2. **Welche Aufgabe hat der Engel in der Geschichte?**

_____

_____

_____

_____

Eine gute Nachricht für Maria

Maria war allein zu Hause. Da hörte sie plötzlich eine Stimme: „Sei gegrüßt, Maria, du Gesegnete! Gott ist mit dir!"
Erschrocken sah Maria auf. Ein Engel war bei ihr und sah sie freundlich an. Maria war ganz verwirrt. „Was soll das bedeuten?", dachte sie bei sich. „Ich soll gesegnet sein?"
Aber der Engel sprach: „Fürchte dich nicht, Maria! Denn Gott hat dich gesegnet. Du wirst einen Sohn bekommen, den sollst du Jesus nennen.
Der wird einmal König werden, ein König wie David. Aber sein Königreich wird niemals aufhören."
Maria konnte es nicht fassen. Sie sollte ein Kind bekommen, ein Kind, das einmal König würde, der Retter, auf den sie alle warteten?
Maria fragte: „Wie soll das zugehen? Ich bin doch noch nicht verheiratet. Wer kann denn Vater dieses Kindes sein?"
Da sprach der Engel: „Gottes Geist wird über dich kommen. Darum wird dein Sohn auch Gottes Sohn heißen. Denn bei Gott ist nichts unmöglich."
Als Maria das hörte, verneigte sie sich und sprach: „Ich bin bereit. Es soll geschehen, wie du gesagt hast." Da ging der Engel wieder von ihr.
Aber Maria lobte Gott und sang ihm ein Lied.

(nach Lk 1,26-38)

1. **Lies den Text so, dass du uns die Geschichte später erzählen kannst.**

2. **Welche Aufgabe hat der Engel in der Geschichte?**

_____

_____

_____

_____

Itze/Moers: Psalmen
© Persen Verlag, Buxtehude

Eine Botschaft für die Hirten

Die Hirten wussten nicht, wie ihnen geschah. Wachten sie oder träumten sie? Sie waren geblendet von dem Licht und zitterten vor Angst.

Aber der Engel sprach zu ihnen: „Fürchtet euch nicht! Siehe, ich verkündige euch eine große Freude, die allen zuteil werden soll. Euch ist heute der Retter geboren in der Stadt Davids: Christus, der Herr. Und daran könnt ihr ihn erkennen: Ihr werdet ein Kind finden in Windeln gewickelt und in einer Krippe liegend."

Als er noch sprach, sahen die Hirten plötzlich noch mehr Engel, die sangen und jubelten: „Ehre sei Gott in der Höhe und Frieden auf Erden bei den Menschen seines Wohlgefallens."

(nach Lk 2,8-14)

1. **Lies den Text so, dass du uns die Geschichte später erzählen kannst.**

2. **Welche Aufgabe hat der Engel in der Geschichte?**

_____

_____

_____

_____

Ein Engel zeigt den Frauen den Weg

Maria und Maria Magdalena gingen zum Grab Jesu und hatten ein Gefäß mit duftender Salbe bei sich. Damit wollten sie den Leichnam Jesu einsalben.

Als sie zum Garten kamen, sahen sie schon von weitem den großen Stein, der vor dem Grab lag. Und sie fragten sich besorgt: „Wer wälzt uns den Stein weg?"

Aber siehe da! Plötzlich bebte die Erde. Ein Blitz fiel vom Himmel, so hell, dass die Wächter am Grab vor Schreck umfielen. Auch die Frauen erschraken und sahen hinüber zum Grab. Sie trauten ihren Augen nicht: Der Stein war weggewälzt!

Schnell liefen sie zum Grab und schauten hinein. Aber – was war das? Das Grab war leer! Nein, nicht leer! Ein Mann saß am Eingang der Höhle. Ein Engel, ein Bote Gottes in leuchtendem Kleid! Erschrocken

schlugen die Frauen ihre Hände vor das Gesicht.

Aber der Engel sprach: „Fürchtet euch nicht! Ich weiß, wen ihr sucht: Jesus, den gekreuzigten Jesus! Aber er ist nicht hier. Er ist auferstanden, wie er gesagt hat. Kommt her und seht, wo er gelegen hat!"

Die Frauen wussten nicht, was sie sagen sollten. Zitternd gingen sie hinein in das Grab. Und wirklich: Es war, wie der Engel gesagt hatte. Das Grab war leer!

Da eilten die Frauen aus dem Grab und aus dem Garten. Ihr Herz klopfte. Sie bebten am ganzen Leib. Sie wussten nicht: Sollten sie lachen oder weinen vor Freude.

Auf einmal kam ihnen ein Mann entgegen. Plötzlich erkannten sie ihn: Jesus war es! Ja, er war es wirklich! Er lebte!

(nach Mt 28,1-8)

1. **Lies den Text so, dass du uns die Geschichte später erzählen kannst.**

2. **Welche Aufgabe hat der Engel in der Geschichte?**

_____

_____

_____

_____

Itze/Moers: Psalmen
© Persen Verlag, Buxtehude

(angelehnt an das Buch Tobit)

Alle sitzen im Stuhlkreis.
Ein Seil liegt in der Mitte.

Tobit, seine Frau Hanna und ihr Sohn Tobias lebten in einem fremden Land. Eines Tages geschah etwas Schlimmes. Tobit wurde krank. Er konnte nichts mehr sehen – er wurde blind. Nun konnte er kein Geld mehr verdienen, um seine Familie zu versorgen. So begann Hanna zu arbeiten. Sie webte Stoffe und verkaufte sie. Aber das Geld reichte nicht. Sie hatten kaum etwas zu essen. Tobit war sehr unglücklich. So wollte er nicht mehr leben. Er fühlte sich einsam und elend und die Angst seines Herzens war groß.

Deshalb rief er eines Tages seinen Sohn Tobias zu sich und gab ihm einen Auftrag: „Ich bin alt und blind geworden und werde nicht mehr für dich und deine Mutter sorgen können. Vor langer Zeit aber habe ich einem Freund viel Geld gegeben, damit er es für mich aufbewahrt. Reise zu ihm, denn nun brauchen wir das Geld dringend."

„Aber Vater, ich kenne den Weg doch gar nicht. Wer wird mich begleiten?", rief Tobias besorgt. Er fühlte sich einsam und elend und die Angst seines Herzens war groß.

„Du hast Recht, mein Kind, allein wäre die Reise auch viel zu gefährlich. Suche dir einen Wegbegleiter." Tobias tat, was der Vater ihm gesagt hatte. Er machte sich auf die Suche und traf einen Fremden: „Ich suche jemanden, der mich auf meiner Reise begleitet." Der Fremde antwortete: „Ich bin Rafael. Gern werde ich dich begleiten."

Tobias war froh, dass er jemanden für die Reise gefunden hatte. Da fühlte sich Tobias von guten Mächten wunderbar geborgen. Er wusste noch nicht, dass Rafael jemand ganz Besonderes war. Beide gingen zu Hanna und Tobit, um sich zu verabschieden. Hanna war unendlich traurig. Sie wollte nicht, dass Tobias sich auf eine so lange und gefährliche Reise begibt. Sie fühlte sich einsam und elend, und die Angst ihres Herzens war groß.

Das Taschentuch wird als Zeichen des Abschieds und der Trauer als erste Wegstation an das Seil gelegt.

Tobias und Rafael machten sich auf den Weg. Am ersten Abend kamen sie an einen großen Fluss. Tobias hielt seine müden Füße in das kalte Wasser. Plötzlich schnappte ein Fisch nach seinem Fuß. Tobias schrie vor Schreck, aber Rafael rief: „Fang ihn!" Da packte Tobias zu und warf den Fisch ans Ufer. Als sie ein wenig später den Fisch aßen, sagte Rafael: „Behalte von dem Fisch das Herz, Leber und Galle und bewahre sie gut auf. Es sind Heilmittel. Sie werden dir nützlich sein."

Ein Papierfisch wird als zweite Wegstation an das Seil gelegt.

Tobias betrachtete den Fremden. „Was ist das für einer?" In seiner Nähe fühlte er sich von guten Mächten wunderbar geborgen. Lange waren die beiden unterwegs, bis sie endlich in die Stadt kamen, in der der Freund des Vaters wohnte. Tobias und Rafael wurden herzlich begrüßt und blieben einige Tage. Tobias fühlte sich dort sehr wohl. Auch verliebte er sich in Sara, die Tochter des Hauses. Doch Sara hatte ein schreckliches Schicksal. Siebenmal sollte sie schon heiraten. Siebenmal starben ihre Männer in der Nacht vor der Hochzeit. Die Menschen in der Stadt erzählten, ein böser Geist wäre dafür verantwortlich.

So sah man Sara kaum, sondern hörte sie oft traurige Lieder singen. Sie wollte so nicht mehr leben. Sie fühlte sich einsam und elend, und die Angst ihres Herzens war groß.

Rafael merkte, was Tobias für Sara fühlte. So kam er zu ihm: „Ich habe mit Saras Vater gesprochen. Du kannst Sara heiraten." Tobias erschrak: „Nein, nie! Auch ich werde in der Hochzeitsnacht sterben. Denk an meine Eltern, wie traurig sie wären. Sie haben doch niemanden sonst." Er fühlte sich einsam und elend, und die Angst seines Herzens war groß.

„Hab keine Angst.", beruhigte ihn Rafael. „Betet zu Gott, bevor ihr schlafen geht. Dann verbrenne Herz und Leber vom Fisch. So wird euch nichts geschehen." Tobias zögerte erst, doch tat er, was der Fremde ihm sagte. Denn auf einmal fühlte er sich von guten Mächten wunderbar geborgen.

So sprach Tobias zu Saras Eltern: „Ich reise nicht nach Hause, bevor ich Sara geheiratet habe." Saras Eltern hatten großes Vertrauen in Tobias und seinen Freund und sie willigten ein.

Am Abend der Hochzeit beteten Sara und Tobias zu Gott: „Von guten Mächten wunderbar geborgen, erwarten wir getrost was kommen mag. Gott ist mit uns am Abend und am Morgen und ganz gewiss an jedem neuen Tag."

Dann verbrannte Tobias Herz und Leber von dem Fisch und sie gingen ins Bett. Es wurde Morgen und beide traten gesund und munter aus ihrer Kammer. Der böse Geist war besiegt. Rafael hatte Recht behalten.

Und wieder einmal betrachtete Tobias den Fremden: „Was ist das für einer? Er hat Sara von dem bösen Geist befreit." Und während er über Rafael nachdachte, fühlte er sich von guten Mächten wunderbar geborgen. Es blieb nicht viel Zeit, sich weiter zu wundern, denn es wurde Hochzeit gefeiert. Vierzehn Tage lang.

Der Hochzeitsschleier wird als dritte Wegstation an das Seil gelegt.

Itze/Moers: Psalmen
© Persen Verlag, Buxtehude

Nach zwei Wochen bat Tobias seine Schwiegereltern: „Lasst mich mit meiner Frau zurück zu meinen Eltern reisen. Sie werden sich sehr sorgen, denn ich bin schon sehr lange unterwegs." So wurde die Reise vorbereitet. Tobias bekam das Geld seines Vaters und noch viele Geschenke dazu.

Ein Beutel mit Goldtalern wird als vierte Wegstation an das Seil gelegt.

Und so machten sich Tobias, Rafael und Sara auf den Weg. Als sie nicht mehr weit von ihrem Ziel entfernt waren, sagte Rafael zu Tobias: „Du hast noch die Galle des Fisches. Damit kannst du die Augen deines Vaters heilen."
Als sie im Dorf ankamen, lief ihnen Hanna vor Freude entgegen und umarmte ihren Sohn. Auch Tobit versuchte, blind wie er war, sich zu ihnen zu tasten. Noch immer fühlte er sich einsam und elend, und die Angst seines Herzens war groß. Als Tobias ihn erblickte, lief er ihm entgegen und nach einer herzlichen Begrüßung bat Tobias seinen Vater, ihn behandeln zu dürfen. Der Vater ließ es zu. So strich ihm Tobias die Galle auf die Augen. Und so geschah es, wie Rafael es gesagt hatte. Der Vater rieb sich die Augen und konnte wieder sehen. „Ich sehe dich, mein Sohn!", rief er voll Freude und fühlte sich von guten Mächten wunderbar geborgen. Er konnte seinen Sohn sehen, fiel ihm um den Hals und lobte Gott. Auch Tobias war überglücklich und lobte Gott mit lauter Stimme. Dann erzählte er seinen Eltern, was unterwegs alles geschehen war.
Überglücklich, dass sich alles zum Guten gewandt hatte, feierten sie ein großes Fest. Nach dem Fest ging Tobit zu dem Fremden: „Du hast unseren Sohn begleitet und beschützt, Sara geholfen und meine Augen geheilt. Dafür will ich dir danken: Die Hälfte des Geldes, was ihr gebracht habt, gehört nun dir."
Rafael aber sagte: „Nicht ich habe Tobias beschützt. Gott hat ihn begleitet. Nicht ich habe Sara und dich geheilt, Gott hat euch geheilt. Nicht mir müsst ihr danken, Gott allein müsst ihr loben. Er hat mich geschickt." So beteten Tobit, Hanna, Tobias und Sara zu Gott und lobten ihn mit einem Lied.
Allein Tobias fragte sich: „Wer ist der Fremde, der so große Dinge tut und von Gott redet?" Als er sich zu Rafael umblickte, war dieser verschwunden. Doch Tobias fühlte sich von guten Mächten wunderbar geborgen.

Taschentuch (für den Abschied)

Fisch (Tobias und der Fisch)

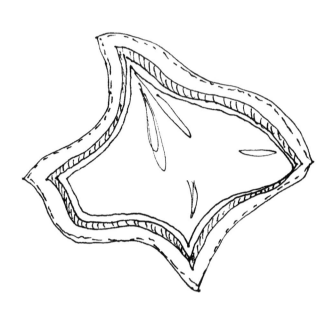

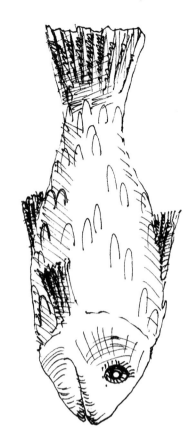

Hochzeitsschleier (Tobias und Sara)

Beutel mit Goldtalern
(Tobias bekommt das Geld)

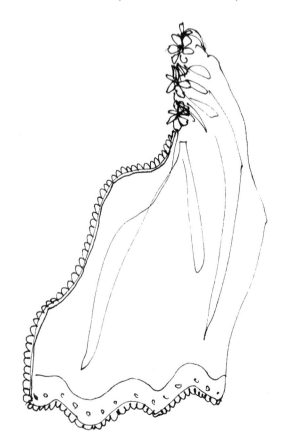

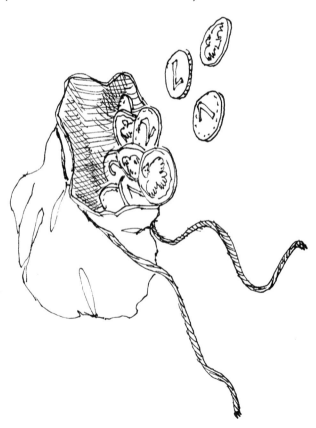

Itze/Moers: Psalmen
© Persen Verlag, Buxtehude

Engelumriss

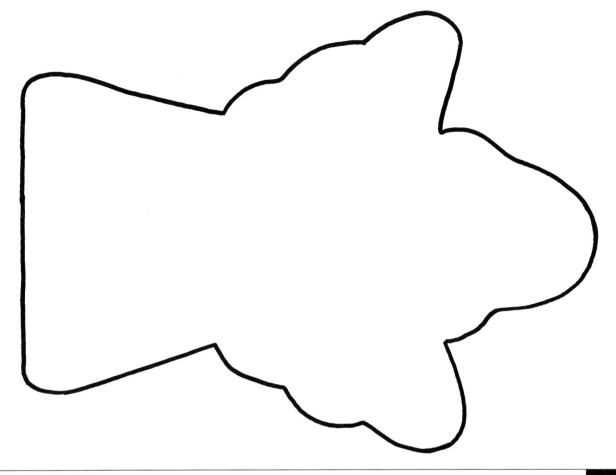

Engelkarten

Der Engel des Vertrauens

Der Engel des Trostes

Engelkarten `M 11c`

Der Engel der Ermutigung

Itze/Moers: Psalmen
© Persen Verlag, Buxtehude

Engelkarten

Der Engel der Versöhnung

Engelkarten

Der Engel der Geborgenheit

Es müssen nicht Männer

mit Flügeln sein.

Itze/Moers: Psalmen
© Persen Verlag, Buxtehude

Gegenüber von Meyers wohnte die Frau mit dem merkwürdigen Namen – Maschlawek oder so ähnlich, Frau Matschi nannten sie die Kinder und lachten über sie.

„Sie hat gefärbte Haare! Sie ist stolz! Sie ist doch schon alt! Schaut, sie hat einen neuen Lippenstift!"

Wenn Frau Matschi vorbeiging, vorsichtig auf ihren Stöckelschuhen, lachten die Kinder hinter dem Küchenfenster, versteckt hinter der Gardine.

Am Freitag, als Thomi mit seinem neuen Rad auf der Straße kurvte, fuhr er – ganz zufällig – an der Wohnungstür von Frau Matschi vorbei. Sie stand vor ihrem Briefkasten und schüttelte den Kopf mit dem aufgetürmten, blonden Haar immer wieder. In der Hand hielt sie einen geöffneten Brief. Er war auf sehr dünnem Papier geschrieben. Luftpost, dachte Thomi. Er wurde neugierig und fuhr immer wieder an der Frau vorbei. Frau Matschi winkte. Nur ganz leicht. Aber es war eindeutig. Sie winkte Thomi. Und Thomi wusste nicht warum: Er stellte sein Rad ab und ging zu Frau Matschi. Sie redete schlechtes Deutsch, aber Thomi merkte bald, worum es ging. Der Luftpostbrief war mit merkwürdiger, ganz heller, fast durchsichtiger Tinte geschrieben. Es war, als ob die Farbe der Tinte von der Sonne gestohlen worden wäre.

„Schlechte Augen", sagte Frau Matschi und zeigte auf die dicken Brillengläser. Als Thomi in Frau Matschis Wohnung die ganz hellen Buchstaben des Briefs mit Kugelschreiber nachzog, musste er den Briefbogen an die Fensterscheibe drücken, um genug zu sehen. Draußen aber sammelten sich die anderen Kinder. Sie zeigten auf Thomi. Sie lachten. Thomi wurde es heiß. Hinter sich spürte er Frau Matschi. Sie schaute auf die Buchstaben, die er schrieb. Es war eine fremde Sprache. Thomi war froh, als er fertig war. Er gab Frau Matschi den Kugelschreiber zurück und wollte losrennen.

Frau Matschi aber hielt ihn am Arm zurück und sie sagte: „Du bist ein Engel, Junge!" Und dann etwas unsicher: „Ein Engel – oder ist das kein richtiges deutsches Wort?" Sie lächelte. Thomi hätte nie gedacht, dass Frau Matschi so lächeln könnte. Thomi raste auf seinem Rad davon. Es war schwer, den Anderen von Frau Matschi zu erzählen. Und er dachte: Ist es so schwer, ein Engel zu sein?

Regine Schindler

Text: Rudolf Otto Wiemer, Melodie: Detlev Jöcker

1. Es müs - sen nicht Män - ner mit

Flü - geln sein, die En - gel, die En - gel. Sie ge - hen lei - se, sie

müs - sen nicht schrein, die En - gel, die En - gel. Oft sind sie alt und

häss - lich und klein, die En - gel, die En - gel. Oft sind sie alt und

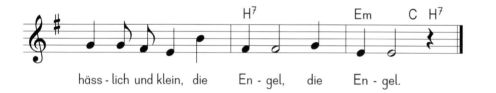

häss - lich und klein, die En - gel, die En - gel.

2. Sie haben kein Schwert, kein weißes Gewand, die Engel.
   Vielleicht ist einer, der gibt dir die Hand, der Engel;
   oder er wohnt neben dir Wand an Wand, der Engel.

3. Dem Hungernden hat er das Brot gebracht, der Engel.
   Dem Kranken hat er das Bett gemacht, der Engel.
   Er hört, wenn du ihn rufst in der Nacht, der Engel.

4. Er steht im Weg und er sagt: „Nein", der Engel,
   groß wie ein Pfahl und hart wie ein Stein, der Engel.
   Es müssen nicht Männer mit Flügeln sein, die Engel.

aus: Sei gegrüßt, lieber Nikolaus
© Menschenkinder Verlag u. Vertrieb GmbH, Münster

Itze/Moers: Psalmen
© Persen Verlag, Buxtehude

Ulrike Itze

„Gott ist mein Hirte" – Psalm 23 mit Kindern ganzheitlich gestalten, erleben und verstehen (2./3. Schuljahr)[1]

Diese Unterrichtsreihe beschreibt einen ganzheitlichen, auf Handeln, Erleben und Verstehen basierenden Umgang mit dem 23. Psalm. Im Zentrum des Psalms steht die Zusage „Du, Gott, bist bei mir...". Auf der Grundlage dieser – aus der Sicht des Psalmisten – literarisch formulierten Zusage Gottes, in Zeiten von Glück und Traurigkeit stets bei den Menschen zu sein, bietet die Unterrichtsreihe einen erfahrungsorientierten Zugang zum Verständnis von Psalm 23 mit der Absicht, dass die Kinder die Bilder des Vertrauens (Fürsorge, Begleitung, Schutz) kennen und auf ihr Leben beziehen lernen. Vertrauen wird zu einem zentralen Handlungsbegriff in der Beziehung zwischen Gott und den Kindern.

Zur Sache: Der 23. Psalm

Der Psalm ist ein Vertrauenspsalm, der durchgängig durch die Metapher von Gott als dem guten Hirten, der da ist, mitgeht und das Mahl bereitet, bestimmt wird. Die Bildreden des Psalms sprechen von einem unbedingten Vertrauen, das der Beter aus seiner Lebenserfahrung und seiner Gotteserfahrung gewonnen hat. Westermann ordnet Psalm 23 den Vertrauenspsalmen des Einzelnen zu: Das Motiv der Klage des Einzelnen ist in allen sechs Versen zu einem Motiv des Vertrauensbekenntnisses erweitert.[2]

Psalm 23: Der Herr ist mein Hirte (nach der Übersetzung von C. Westermann[3])
1   Ein Davidpsalm
     Der Herr ist mein Hirt, mir wird nichts mangeln.
2   Auf grünen Auen lässt er mich lagern,
     zum Ruheplatz am Wasser führt er mich,
3   stillt mein Verlangen.
     Er leitet mich auf den richtigen Wegen um seines Namens willen.
4   Auch wenn ich durch eine finstere Schlucht gehen muss,
     ich fürchte kein Unheil, denn du bist bei mir,
     dein Stecken und Stab geben mir Zuversicht.
5   Du deckst vor mir einen Tisch im Angesicht meiner Feinde.
     Du salbst mein Haupt mit Öl, schenkst mir den Becher voll ein.
6   Nur Gutes und Gnade werden mir folgen mein Leben lang,
     und ich werde im Haus des Herrn weilen solange ich lebe.

Die Verse 1-3 sind vom Vergleich Gottes mit einem Hirten geprägt; in ihnen ist das Vertrauensbekenntnis „Du bist mein Hirte" nach den beiden Berufsaufgaben des Hirten entfaltet: Ein Hirte führt (Vers 3) und versorgt seine Herde mit Weide und Wasser (Verse 1.2). Der Dichter des Psalms entfaltet so den Vergleich: Was der Hirte für die Herde bedeutet, das bedeutet Gott für mich. Gott versorgt mich mit Nahrung und Getränken; er führt mich auf den richtigen Weg. Der Beter, der hier spricht, spricht in einer Situation von Not und Bedrängnis (Struktur der Einzelklage), setzt jedoch angesichts seiner erlebten Negativsituation sein Vertrauen auf die Hilfe Gottes. Auch will er seine eigene Gewissheit und das Bekenntnis seiner Mitmenschen stärken: „... mir wird nichts mangeln." (Vers 1).

Die Mitte des Psalms (Vers 4) verdeutlicht die Gewissheit, dass Gott mit dem Beter ist und Gott ihn in schwierigen Lebenslagen behütet. In diesem Vers tritt der Hintergrund des Klagepsalms deutlicher hervor, und es zeigt sich, dass der Psalm keinen paradiesischen Zustand beschreibt: Das Vertrauen bewährt sich in Todesgefahr („Ich fürchte kein Unheil, denn du bist bei mir.") Der Vergleich mit dem Hirten wird in Vers 4a nicht fortgeführt; der Psalmist berichtet hier von realen Lebenserfahrungen. Nur in der dritten Zeile von Vers 4 wird der Vergleich mit dem Hirten noch einmal angesprochen: „Dein Stecken und Stab geben mir Zuversicht."
In Vers 5 – wie schon zum Teil in Vers 4 – spricht der Beter Gott direkt an („Du deckst vor mir …").

Dieser Satz verbindet den ersten Teil (Thematik: Versorgen, Verse 1-3) mit dem zweiten Teil (Thematik: Beschützen, Vers 4) mit der Gewissheit, dass der Beter sich auch bei Bedrohung durch Feinde auf die Fürsorge Gottes verlassen kann. Die Versorgung mit den Grundnahrungsmitteln wird sogar bis zur Festfreude gesteigert: Gott lässt mich ein Fest feiern, das meine Feinde nicht verhindern können! So gewiss ist dem Psalmisten die Gegenwart Gottes, dass dieser ihm trotz aller Bedrängnis festliche Freude gewährt. Dabei macht der Hinweis „im Angesicht meiner Feinde" abermals den Hintergrund des Klagepsalms deutlich, der durch die Dreierstruktur „Gott – Beter – Feinde" geprägt ist.

Vers 6 schließt mit der Gewissheit ab, dass die Verbundenheit des Beters mit Gott sein Leben lang dauern wird. Diese Worte sind nicht als Ausdruck eines bleibenden Optimismus zu verstehen: Der Beter, der hier spricht, weiß, dass er in seinem Leben noch oft durch finstere Schluchten gehen muss. Aber dieser Beter weiß eben auch, dass diese schwierigen Lebenssituationen ihn nicht von Gott trennen können. Der letzte Satz bedeutet nicht, dass der Mensch von nun an immer im Haus Gottes wohnen wird; er erinnert an ein ähnlich formuliertes Lobgelübde in Psalm 17,15 („Ich aber will schauen dein Antlitz in Gerechtigkeit, ich will satt werden, wenn ich erwache, an deinem Bilde.") oder Jeremia 38,20 (Jeremia sprach: „Man wird dich nicht übergeben. Gehorche doch der Stimme des Herrn, die ich dir verkünde, so wird dir's wohlgehen, und du wirst am Leben bleiben."). Hier wie dort ist die bleibende feste Verbindung mit Gott bezeichnet.

Zusammenfassend:
Der Psalm weist eine Struktur von vier Sinnabschnitten auf:

Teil 1: **Gott ist wie ein Hirte** – Gott versorgt mich mit Nahrung (Gottes Fürsorge) und führt mich auf dem richtigen Weg (Gottes Begleitung) (Verse 1-3)

Teil 2: **Gott ist bei mir** – Gott beschützt mich in Zeiten der Angst (Schutz), Gott macht mir Mut (Ermutigung, Vertrauen) (Vers 4)

Teil 3: **Gott ist auch in Zeiten der Bedrohung da** – Gott feiert ein Fest mit mir (Vers 5)

Teil 4: **In Gottes Haus kann ich wohnen** – mein Leben lang (Vers 6)

Der 23. Psalm ist wohl der bekannteste von allen 150 Psalmen. Oft ist er „als eine Idylle, als freundliches, idealisierendes Bild eines der Wirklichkeit fernen Gottesverhältnisses verstanden worden. Das will er nicht sein, und das ist er ursprünglich auch nicht."[4]

Liest man die äußerst realistische Schilderung der Arbeit eines Hirten in Genesis 31,38-41, so vergeht einem das Bild eines freundlich lächelnden Hirten mit sanftem Gesicht. Es ist nicht die Absicht des Psalms, uns das Bild des guten Hirten auszumalen. Psalm 23 ist weder an dem „Bild des Hirten" noch am „Bild des Schafs" gelegen. Der 23. Psalm stellt dem Leser vielmehr zwei Vorgänge nebeneinander: das Sorgen des Hirten für seine Herde und das Sorgen Gottes für die Menschen, die ihm vertrauen. Es ist also das Vertrauen (dieses „Bekenntnis der Zuversicht" – wie Westermann es formuliert), das den Vergleich Gottes mit einem Hirten überhaupt erst ermöglicht; es ist das Vertrauen, das in dem Vergleich dargestellt und entfaltet werden soll. „Dieses Vertrauen aber beruht auf Erfahrungen im wirklichen Leben, zu dem das Leid, die Angst, die Verzweiflung gehört. Erst in ihnen und aus ihnen ist das Vertrauen erwachsen: in den finsteren Schluchten, in tödlicher Bedrohung."[5]

Der 23. Psalm formuliert klare Worte zu Beginn: „Der Herr ist mein Hirte." Die Frage, ob es einen Gott gibt oder nicht, wird hier nicht gestellt. Die Frage nach Gott wird hier aus dem real erlebten Leben beantwortet, nicht durch theoretische Überlegungen. Westermann findet hierfür treffende Worte: „Wenn ein Mensch mitten in den Erfahrungen seines Lebens Vertrauen fasst, ob in der Sorge um das tägliche Brot oder bei der Frage nach dem richtigen Weg oder in tödlicher Gefährdung, Vertrauen, dass er gehalten wird, Vertrauen, dass sich einer um ihn kümmert, dann hat er damit und darin Verbindung zu Gott bekommen, dann kann er sagen: ‚Gott ist mein Hirt'. Und damit erhält sein Leben einen Sinn, den es vorher nicht hatte, und einen Zusammenhang, den es vorher nicht hatte."[6] Psalm 23 ist damit der sprachliche Ausdruck des real erlebten Vertrauens eines Menschen zu Gott, der sich in guten wie auch in schlechten Zeiten auf die Beziehung zu Gott und die Kraft des Vertrauens besinnt. Der Psalm ermutigt den Menschen zu „Beziehung" und „Vertrauen" – im Gegenüber zu seinem Gott. Damit bleibt der Psalm aktuell, geht es doch heute erneut um die Frage, welche Werte im menschlichen Leben von tragender Bedeutung sind.

Itze/Moers: Psalmen
© Persen Verlag, Buxtehude

Lernchancen

Der 23. Psalm ist ein grundlegender und zentraler Text im Religionsunterricht der Grundschule und in den Klassen 5 und 6 der Sekundarstufe I. Zentrales Anliegen aller aktuellen Lehrpläne für den Religionsunterricht ist es, dass sich theologische Inhalte auf die Welt der Kinder beziehen sollen. Die Kinder sollen erfahren, dass Psalmen Hilfen zur Wirklichkeitserschließung und zum Gottesglauben anbieten. Deshalb müssen die individuellen Wirklichkeitserfahrungen der Kinder und die biblischen Traditionen aufeinander bezogen werden. Neben verbalen Formen des Unterrichtes werden verstärkt auch Malen, Gestalten und Tanzen eingesetzt. Den Kindern soll ein sach- und kindgemäßes Verstehen und Erleben der biblischen Texte ermöglicht werden. Sie sollen Textinhalte als Grundwissen aufnehmen und mit eigenen Erfahrungen in Verbindung bringen: Gestalten, Erleben und Verstehen bilden eine Einheit.

Das unterrichtliche Vorhaben ermöglicht den Kindern auf unterschiedlichen Ebenen vielfältige Lernchancen:
- Die Kinder lernen den Psalm 23 kennen, verstehen ihn als Ausdruck von unterschiedlichen Gefühlen (Angst – Vertrauen) und erkennen seine Bilder des Vertrauens (Fürsorge – Begleitung – Schutz).

- Die Kinder drücken ihre Gedanken und Gefühle zu Psalm 23 durch unterschiedliche Umsetzungsmöglichkeiten aus.
- Die Kinder finden sich selbst mit ihren Ängsten, Sehnsüchten, Hoffnungen und Wünschen in dem Psalm wieder.
- Die Kinder erfahren, dass sie in Situationen der Hoffnungslosigkeit, der Verzweiflung und Angst auf Gott vertrauen können.
- Die Kinder wissen, dass das Bild des „Hirten" ein Bild für den Gott ist, dem die Menschen vertrauen können.

Vorüberlegungen

Verschiedene Textfassungen – Die gewählte Textfassung

Es gibt viele Textfassungen zu Psalm 23, die unterschiedliche Aspekte betonen, aber stets die Aktualität des Psalms zum Ausdruck bringen. Zur eigenen Einstimmung auf die Arbeit mit dem Psalm seien verschiedene Textfassungen dargestellt. In den Klassen 5/6 können sie zur Erarbeitung des Psalms herangezogen werden.

Martin Buber hat versucht, der hebräischen Sprache so weit wie möglich treu zu bleiben. Bei ihm klingt dieser Psalm so:[7]

Ein Harfenlieds Dawids (nach der Übersetzung von Martin Buber)

ER ist mein Hirt,
mir mangelts nicht.
Auf Grastriften lagert er mich,
zu Wassern der Ruh führt er mich.
Die Seele mir bringt er zurück,
er leitet mich in wahrhaftigen Gleisen
um seines Namens willen.
Auch wenn ich gehn muss durch die Todschattenschlucht,
fürchte ich nicht Böses,
denn du bist bei mir,
dein Stab, deine Stütze - die trösten mich.
Du rüstest den Tisch mir meinen Drängern zugegen,
streichst das Haupt mir mit Öl,
mein Kelch ist Genügen.
Nur Gutes und Holdes verfolgen mich nun alle Tage meines Lebens,
ich kehre zurück zu DEINEM Haus
für die Länge der Tage.

Zephanja Kameeta überträgt den Psalm
in die Situation von Schwarz-Afrika[8]:

Psalm 23 (nach der Übersetzung von Zephanja Kameeta)

Der Herr ist mein Hirte,
mir wird nichts mangeln.
Er lässt mich sehen ein Land der Gerechtigkeit und des Friedens
und leitet meine Schritte dorthin.

Er gibt mir neue Kraft,
Er führt mich auf der Straße des Siegers
um seiner Verheißung willen.

Wenn auch Stürme gewaltsamer Auseinandersetzungen
über mich hereinbrechen,
fürchte ich mich nicht, Herr,
denn du bist bei mir.
Du, mein Hirte, beschützt mich
mit deiner Macht und Liebe.
Du schaffst mir meine Freiheit
im Angesicht meiner Feinde.
Du heißt mich willkommen als deinen Ehrengast
und füllst mir den Kelch mit Gerechtigkeit und Frieden.

Ich weiß: Deine Güte und Barmherzigkeit
werden mir folgen mein Leben lang;
und deine befreiende Liebe wird meine Heimat sein,
solange ich lebe.

Eine ganz andere Art sprachlicher
Darstellung bietet die folgende
japanische Textvariante[9]:

Psalm 23 (japanische Übersetzung)

Der Herr bestimmt das Tempo meiner Arbeit.
Ich brauche mich nicht zu eilen.
Immer wieder schenkt Er mir einen Augenblick der Stille,
eine Atempause, worin ich zu mir selbst kommen kann.
Er weckt in meiner Seele Bilder, die mich zur
Ruhe kommen lassen.
Oft sorgt Er dafür, dass mir etwas ohne Anstrengung gelingt
und ich bin darüber überrascht und voller Freude.
Ich bemerke es wohl: Mein Herz kommt erst zur Ruhe,
wenn ich diesem Herrn mein Vertrauen schenke.
Obwohl ich zu sehr beschäftigt bin, ist es nicht nötig,
dass ich meinen inneren Frieden verliere.
Jede Stunde und in allen Dingen ist er gegenwärtig,
und daher verschwindet die Bedrohung aus allem anderen.

Itze/Moers: Psalmen
© Persen Verlag, Buxtehude

Mitten im Trubel des Lebens
lässt er mich etwas erfahren, das ermutigend ist.
Dann ist es, als ob mir jemand eine Erquickung reicht.
Und auf einmal ist der innere Friede da, und:
die tiefe Sicherheit, geborgen zu sein.
Ich erfahre dann, dass meine Kräfte wachsen,
dass ich mein Gleichgewicht wieder gewinne,
ich meiner alltäglichen Arbeit gewachsen bin und diese Frucht bringt.
Es ist wunderbar zu wissen,
dass ich in der Spur meines Herrn wandere
und dass für jetzt und für immer bei ihm mein Zuhause ist.

Die Textfassung *Martin Luthers* (s. **M 3**) ist sehr gut lesbar und verständlich. Die Sprache ist klar gegliedert und in der Sprachmelodie sehr eingängig. Dies ist sicher ein Grund dafür, warum viele Menschen diesen Text noch heute auswendig aufsagen können.

Als Grundlage für die hier vorgestellte Unterrichtseinheit in der Arbeit mit Kindern eines 2. und 3. Schuljahres wird die leicht veränderte Fassung des Psalms 23 aus „Die Gute Nachricht" gewählt (s. **M 9**). Für ältere Kinder können auch andere Textinterpretationen in die Arbeit mit dem 23. Psalm herangezogen werden. Im Unterschied zu der Lutherfassung[10] wählt die Übersetzung aus „Die Gute Nachricht" kontinuierlich die Anrede „Du" in der 2. Person. Diese persönliche Anrede kann es den Kindern erleichtern, sich mit dem Inhalt des Psalms direkter auseinanderzusetzen. Durchgängig ist die Perspektive der Menschen bezeichnet, die sich Gott anvertrauen. Des Weiteren verwendet diese Fassung des Psalms eine kindgerechte Sprache, die es den Kindern erleichtert, den Psalm in seiner Gesamtheit zu verstehen. Die Anrede „Herr" ist im Psalmtext durch „Gott" ersetzt worden. Die Bezeichnung „Herr" kommt in der Sprachwelt der Kinder nur noch als Anrede vor. Zudem sollte der Gottesbegriff nicht auf männliche Attribute und Anreden beschränkt werden.

Die Bedeutung des 23. Psalms für die Kinder

Psalm 23 ermöglicht eine Korrelation von der im Text kristallisierten Glaubens- und Vertrauenserfahrung des Psalmisten mit den kindlichen Lebenssituationen. Gott wird als Hirte und Gastgeber mit seiner Fürsorge und Zuwendung für den Menschen dargestellt: Gott will, dass Menschen ihm vertrauen. Kinder können sich mit ihrer ganzen Person in dem Psalm wiederfinden: mit ihren Grunderfahrungen der Angst, aber auch der Geborgenheit und des Vertrau-

ens. Der Psalm bietet ein Wort bzw. Bild gegen die Angst: „Du bist bei mir", „Du bist mein Hirte". Die Bildsprache dieses Psalms verhilft den Kindern dazu, dass sie sich selbst mit ihren Ängsten und Hoffnungen wahrnehmen lernen, eine Sprache für ihre Angst finden sowie Bilder der Hoffnung und des Vertrauens entwickeln. Durch die Bearbeitung des Psalms in seiner Gesamtheit kann ein Gottesbild aufgebaut bzw. unterstützt und verstärkt werden, das auf Vertrauen zu Gott gegründet ist.

Zum Verlauf

1. Sequenz: „Psalmen – was sind das?" – Auseinandersetzung mit dem Begriff, der Entstehung und der Bedeutung von Psalmen

Material:
- verschiedene Bibeln
- Arbeitsblatt „Was sind Psalmen?" (S. 13)
- hebräische Bibel
- ggf. Vorlage „Psalm 23 - hebräisch" (**M 1**)

In dieser Sequenz soll den Kindern ein Grundwissen über das Buch der Psalmen vermittelt werden. Dazu empfiehlt es sich, die Kinder in einer Unterrichtsreihe vorab über den Aufbau der Bibel zu informieren, da sie den Psalter dann in das Alte Testament einordnen können. Die Kinder bringen Bibeln mit in den Unterricht. In Einzel- oder Partnerarbeit suchen die Kinder den Psalter in den Bibeln. Dabei werden sie die Erfahrung machen, dass nicht in allen Bibeln alle 150 Psalmen abgedruckt sind. Beim Lesen von Psalmen werden die Kinder ihnen bekannte Textstellen wiederfinden. Andere werden aufgrund der fremd anmutenden Sprache der Psalmen Verständnisprobleme äußern. Anschließend bearbeiten sie das Arbeitsblatt „Was sind Psalmen?" (S. 13). Wenn möglich, sollte den Kindern eine hebräische Bibel vorliegen, um ihnen anhand der ursprünglichen hebräischen Sprache die Bedeutung des hebräischen Wortes (Tehillim; übersetzt: Lobpreis, Lobgesang) zu verdeutlichen: Psalmen waren Loblieder. Sie wurden vor etwa 2500 Jahren in hebräischer Sprache aufgeschrieben. Zunächst wurden sie auf Pergamentrollen geschrieben, später wurden sie in Büchern abgedruckt. Heute sind sie als ein Buch im Alten Testament der Bibel abgedruckt. Diese Lob- und Gebetstexte der Psalmen sind heute zentral für Juden und Christen gleichermaßen. Ist eine hebräische Bibel nicht zu organisieren, kann alternativ auch die Vorlage „Psalm 23 – hebräisch" (**M 1**) genutzt werden.

2. Sequenz:
Der 23. Psalm – ein Text, viele Übersetzungen

Material:
- verschiedene Bibeln
- Vorlage „Psalm 23 – hebräisch" (**M 1**)
- Arbeitsblatt „Psalm 23 nach Martin Luther" (**M 3**)

Zu Beginn dieser Sequenz wird den Kindern der 23. Psalm in der hebräischen Schrift gezeigt (**M 1**). Die Kinder können erkennen, dass der Psalm sechs Verse hat. Im Anschluss daran suchen die Kinder den 23. Psalm in den von ihnen mitgebrachten Bibeln. Auch in vielen Kinderbibeln ist der 23. Psalm mit allen Versen abgedruckt. Die Kinder erfahren bei dieser Arbeit, dass der Psalm unterschiedliche Übersetzungen erfahren hat. Diese können zusammengetragen und in ihrer Vielfalt und Bedeutung besprochen werden.
Im Anschluss daran erhalten sie die gängige Übersetzung von Martin Luther und bearbeiten Fragen zum Text (**M 3**).

3. Sequenz: Psalm 23,1-3: Gott ist wie ein Hirte – Gottes Fürsorge und Gottes Begleitung

Material:
- Schaffiguren
- Hirtenfigur (z. B. Biegepuppe)
- Bilder von Schafen (z. B. **M 2**)
- beschriftete Karteikarten oder Pappstreifen
- Vorlage „Psalmenbuch" (**M 4**) und Bastelanleitung Psalmenbuch (**M 5**)

In dieser Sequenz wird der 1. Teil des Psalms thematisiert, in dem es um das Bild des Hirten

und dessen Aufgaben des Versorgens und Führens geht.
Es gibt mehrere Möglichkeiten des Einstiegs in diese Sequenz. Wichtig ist jedoch, bei dem realen Bild eines Hirten und seiner Aufgaben anzufangen sowie die Kinder in diese Thematik mit einzubinden. So können die Kinder dazu aufgefordert werden, Schaffiguren (Stofftiere, Playmobilfiguren ...) mit in die Schule zu bringen. Sie können von Erfahrungen mit Schafen berichten (Real- oder Medienerfahrungen) und stellen die Schafe – etwa auf einer dekorativ gestalteten Wiese – zusammen (Stellbild, s. Foto). Schnell kommen die Kinder auf die Figur und den Beruf des Hirten, der im gestalteten Stellbild fehlt. Die Kinder stellen Überlegungen zu den Aufgaben eines Hirten an: Ein Hirte versorgt seine Schafe. Er passt auf, dass kein Schaf wegläuft. Er behütet die Schafe am Tag und vor allem in der Nacht. Die Figur eines Hirten wird in die Landschaft gestellt.

Stellbild zu Psalm 23

Der Einstieg in die Aufgabenbereiche eines Hirten kann auch über ein Bild (**M 2**) bzw. über mitgebrachte Bilder der Kinder erfolgen. Anschließend wird ein Schild (z. B. eine Karteikarte o. Ä.), auf dem „Gott ist wie ein Hirte." steht, als stummer Impuls zum Stellbild gelegt. An dieser Stelle wird in den Psalmvers „wie" eingefügt, um den Kindern den Vergleich zu verdeutlichen (Gott ist wie ...). Damit wird einer Gleichsetzung entgegengewirkt (Gott ist ein ...). In der Textfassung (**M 3**) wird die Begrifflichkeit „Gott ist mein Hirte." beibehalten, da die Kinder diese Aussage nun als Vergleich verstehen.
Die Assoziationen der Kinder zum Impuls werden gesammelt. Die Kinder kommen schnell darauf, dass Gott hier mit einem Hirten verglichen wird sowie auf die Aspekte Fürsorge

Itze/Moers: Psalmen
© Persen Verlag, Buxtehude

(„Gott versorgt die Menschen.") und Begleitung („Gott führt die Menschen.").
Im Anschluss daran erhalten die Kinder die Aufgabe, ihre Gedanken in einem Cluster zu verschriftlichen.

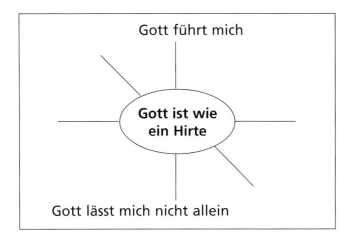

Nach der Präsentation der Ergebnisse erhalten die Kinder ihr Psalmbuch (M 4, auf DIN A3 vergrößert und als Buch gefaltet, s. M 5) und die Aufgabe, das Titelblatt sowie die erste Seite zu gestalten.
Das Psalmbuch basiert auf dem Text der Guten Nachricht und der Einteilung in die vier

Sinnabschnitte des Psalms (s. S. 90). Der 1. Sinnabschnitt ist dabei in drei Bilder zerlegt (Gott als Hirte – Gott versorgt – Gott führt). Die Sinnabschnitte 2, 3 und 4 haben jeweils ein Bild. In den Folgestunden wird das Lege- bzw. Stellbild in der Klasse durch zwei Schilder ergänzt, in denen die Fürsorge und Begleitung Gottes im Zentrum steht: „Gott versorgt mich, Gott gibt mir neue Kraft.", „Gott leitet und begleitet mich auf meinen Wegen."
Die Kinder äußern ihre Assoziationen zu den Gedanken. In der Regel fällt es ihnen leichter, sich zum 1. Gedankenimpuls zu äußern: Sie benennen Situationen und Orte, an denen sie „Kraft tanken" können, an denen es ihnen richtig gut geht (z.B. in der Natur, im Urlaub, im Garten, im Bett). Sich zu dem zweiten Impuls zu äußern, fällt vielen Grundschulkindern schwerer, da sie ihren Lebensweg bisher noch wenig reflektiert haben. Deswegen sollte dieser Impuls als Zusage Gottes verstanden werden: Was heißt es, dass Gott mich auf meinem Weg begleitet (z.B.: Ich kann sicher gehen, ich kann mich verlassen ...)?
Im Anschluss an diese Arbeit gestalten die Kinder die Seiten 2 und 3 des Psalmbüchleins (S. 2: Gottes Fürsorge; S. 3: Gottes Begleitung).

Bildbeispiele zu S. 1 des Psalmbuches: Gott ist wie ein Hirte

Henrik (2. Schuljahr)

Katharina (3. Schuljahr)

Jonas (3. Schuljahr)

4. Sequenz: Psalm 23,4: Gott ist bei mir – Gott beschützt mich in Zeiten der Angst (Schutz), Gott macht mir Mut (Ermutigung, Vertrauen)

Material:
• helles Tuch
• dunkles Tuch
• beschriftete Karteikarten

• Textstreifen
• Psalmbuch (M 4)

In dieser Sequenz wird der 2. Teil des Psalms thematisiert, in dem es um die zentrale Aussage geht: „Du, Gott, bist bei mir". Gottes Schutz hilft, mit der Angst umzugehen und leben zu lernen, sodass der Beter soweit geht zu behaupten: „Ich habe keine Angst." Gott ermutigt und ermöglicht Vertrauen.

Kinder kennen das Gefühl der Angst in vielerlei Ausprägungen. Sie kennen Verlust- und Trennungsängste (z. B. die Angst vor dem Alleinsein und dem Verlust), Ängste vor körperlich-seelischer Verletzung (z. B. die Angst vor Spinnen oder dem Zahnarzt) und gesellschaftlich bedingte Gegenwarts- und Zukunftsängste (z. B. die Angst vor Krieg oder Vogelgrippe). Es ist Aufgabe der Schule und des Religionsunterrichts, den Kindern dabei zu helfen, der Angst zu begegnen und mit der Angst leben zu lernen.[11] Der Psalm 23 macht ein Angebot dazu: Der Angst kann das Kind begegnen mit Ermutigung, Mut und Gottvertrauen. Die Aussage „Ich habe keine Angst" sollte in der religionspädagogischen Arbeit mit den Kindern in folgendem Sinne erarbeitet werden: „Ich darf Angst haben. Angst gehört zum Leben dazu. Doch Mut und Vertrauen helfen mir, mit der Angst umzugehen. Gott ist bei mir – auch in Zeiten der Angst. Im Vertrauen auf Gott kann ich der Angst begegnen."

Um den Gegensatz zwischen Angst und Mut/Vertrauen den Kindern zu verdeutlichen, werden zu Beginn dieser Unterrichtssequenz ein schwarzes und ein helles Tuch in die Mitte eines Stuhlkreises gelegt. Die Kinder erhalten die Aufgabe, die Begriffe „Angst" und „Vertrauen" (notiert auf einer Karteikarte) den Farben zuzuordnen und ihre Zuordnung zu begründen.

Im Anschluss daran können die Kinder von ihren Ängsten berichten, sie können ihre Ängs-te malen und dazu schreiben. Sie können aber auch von Situationen berichten, wie sie mit ihrer Angst umgegangen sind, wie sie Mut erlebt und Vertrauen erfahren haben. Auf diese Weise wird die gestaltete Mitte zu einem Erzähl- oder Schreibanlass.

Nun fällt es den Kindern nicht mehr schwer, die auf Textstreifen dargebotenen Abschnitte von Psalm 23,4 der Erzählmitte und den beiden Begriffen „Angst" und „Vertrauen" begründend zu zuordnen:

Die Kinder arbeiten abschließend an ihrem Psalmbuch weiter (S. 4) und verarbeiten die Erfahrungen in ihrem individuellen Bild.

Bildbeispiele zu S. 4 des Psalmbuches: Gott ist bei mir

Katharina (3. Schuljahr)

Peter (3. Schuljahr)

Katharina (3. Schuljahr)

Itze/Moers: Psalmen
© Persen Verlag, Buxtehude

Wer damit fertig ist, kann auch Gedichte schreiben, etwa ein Elfchen über die Angst oder das Vertrauen.

Beispiele für Elfchen

Gott,
du schützt
wie ein Dach
ich fühle mich sicher
wunderbar

Gott,
die Angst
kenne ich gut
ich vertraue auf dich
Mut

5. Sequenz: Psalm 23,5: Gott ist auch in Zeiten der Bedrohung da – Gott feiert ein Fest mit mir

Material:
- Tisch
- Geschirr
- Obst, Brot, Gemüse etc.
- Karteikarte o. Ä.
- Psalmbuch (**M 4**)

In dieser Sequenz wird der 3. Teil des Psalms thematisiert, in dem es um die ausgeschmückten Bilder eines reich gedeckten Tisches und eines gefüllten Bechers geht: „Du deckst mir deinen Tisch ...", „Du füllst mir den Becher bis zum Rand." Gottes Güte und Barmherzigkeit sollen dem Kind deutlich werden.

Zu Beginn der Unterrichtssequenz stellt die Lehrperson ohne Worte in die Mitte des Sitzkreises einen kleinen Tisch, legt ein Tischtuch darauf und deckt den Tisch mit Tellern und Bechern, mit Brot, Obst und Gemüse. Die Kinder äußern ihre Gedanken zum „gedeckten Tisch". Anschließend wird dieses Bild durch das Psalmwort (notiert auf z. B. einer Karteikarte) erweitert: „Vor den Augen meiner Feinde deckst du mir deinen Tisch." Diese Aussage hat eine große Wirkung auf die Kinder. Im Verlauf einer Unterrichtseinheit sagte ein Junge mit tiefster Überzeugung: „Gott hat einfach keine Angst. Er deckt den Tisch. Es ist ihm egal, ob da Feinde sind oder Krieg oder so." Den Kindern soll deutlich werden, dass kraftvolle Bilder den Menschen stärken, negative ihn dagegen schwächen. Gottes Güte und Barmherzigkeit ist groß, sodass selbst der Becher „bis zum Rand" voll ist. Die Symbole von Tisch und Becher können hier sowohl wörtlich als auch symbolisch verstanden werden.

Im Anschluss an diese Erarbeitung gestalten die Kinder die Seite 5 in ihrem Psalmbuch (**M 4**).

Bildbeispiele zu S. 5 des Psalmbuches: Du deckst mir den Tisch ...

Henrik (2. Schuljahr)

Jonas (3. Schuljahr)

6. Sequenz: Psalm 23,6: In Gottes Haus kann ich wohnen – mein Leben lang

Material:
• Psalmbuch (**M 4**)

In dieser Sequenz wird der 4. Teil des Psalms thematisiert, der das Leben des Beters in den Blick nimmt: Das menschliche Leben ist ein Leben im „Haus" Gottes. Wörtlich verstanden meint „Haus": In einem Haus kann ich es mir wohnlich einrichten, damit es mir gut geht. Das „Symbol Haus" drückt aus: Das Wohnen im Haus weist über sich hinaus auf das weltumspannende „Haus Gottes", in dem sich die Menschen dankbar einrichten dürfen.[12]

Als Einstieg wird den Kindern das Bild eines leeren Hauses gezeigt (z. B. an die Tafel zeichnen); die Kinder können im Religionsheft aber auch selbst ein leeres Haus zeichnen. Es wird über Sinn und Zweck des Hauses gesprochen. Anschließend sollen die Kinder benennen, womit sie ihr Haus wohnlich einrichten würden, und ihre Ideen zeichnerisch umsetzen. Damit sind die materiellen Bedürfnisse der Kinder zum Ausdruck gebracht.

In einer Meditationsphase erhalten die Kinder den Auftrag, darüber nachzusinnen, was notwendig ist, damit sich in einem Haus alle Menschen wohlfühlen. Die Kinder äußern und reflektieren ihre Gedanken: Begriffe wie Gemeinschaft, Ehrlichkeit, Freundlichkeit, Menschlichkeit, Zufriedenheit, Gottes Geist, Dankbarkeit werden genannt; Begriffe – die die sozialen und religiösen Bedürfnisse der Kinder benennen. Die Begriffe können zum Haus dazugeschrieben werden.

In einem solchen „Haus" – in „Gottes Haus" – so sagt der Psalmist – darf der Mensch wohnen, sein Leben lang. Die Kinder begreifen, dass Dankbarkeit und Verantwortlichkeit zu einem Leben im Haus Gottes dazugehören. Viele Kinder assoziieren deshalb mit dem Haus Gottes auch die Kirche.

Im Anschluss an die Erarbeitung gestalten die Kinder die letzte Seite im Psalmbuch (**M 4**).

Nachdem alle Seiten ausgestaltet wurden, stellen die Kinder ihre Psalmbücher vor.

Die Ergebnisse der Kinder werden auf diese Weise gewürdigt. Anschließend werden sie in das Religionsheft eingeklebt, da das Buch so nicht verloren gehen kann.

7. Sequenz: Einüben eines Liedes zum 23. Psalm – Entwicklung von Bewegungen zum 23. Psalm

Material:
• Lied „Psalm 23: Gott ist mein Hirte" (**M 6**)
• Vorlage „Bewegungen zum Psalm" (**M 7**)
• Vorlage „Symbole für die Bewegungen" (**M 8**)

Parallel zur Erarbeitung oder im Anschluss an die Erarbeitung des Psalms können die Kinder ein Lied zum Psalm einüben (**M 6**). Das Lied wiederholt den Psalm und führt ihn zu seiner eigentlichen Bedeutung zurück: Psalmen werden gesungen.

Bildbeispiele zu S. 6 des Psalmbuches: In Gottes Haus

Henrik (2. Schuljahr)

Felix (3. Schuljahr)

Itze/Moers: Psalmen
© Persen Verlag, Buxtehude

Des Weiteren können die Kinder Bewegungen in Form eines Tanzes bzw. eines getanzten Gebets zum Psalm einüben. Durch die Bewegungen werden den Kindern gemeinsame Erfahrungen in der Gruppe ermöglicht. Durch das Sprechen und die unterschiedlichen Bewegungen wird der Inhalt des Psalms den Kindern ins Gedächtnis gerufen und darüber hinaus auch auf der Körperebene verstanden und zum Ausdruck gebracht. Gemeinsam oder in kleinen Gruppen können geeignete Bewegungen überlegt werden. Anregungen befinden sich auf der Vorlage „Bewegungen zum Psalm" (**M 7**). Es bietet sich an, dass die Kinder zu den Bewegungen kurze Symbole entwickeln, mithilfe derer sie sich schneller an die festgelegten Bewegungen erinnern können (**M 8**).

8. Sequenz: Bildbetrachtung: „Du deckst mir den Tisch" von Sieger Köder

Material:
- Bild „Du deckst mir den Tisch"[13]

Eine Möglichkeit, neben Lied und Bewegungen, den ganzen Psalm in den Blick zu nehmen, ist das Bild von Sieger Köder zum 23. Psalm.
Zu Beginn betrachten die Kinder das Bild und äußern ihre Assoziationen in einem festgelegten Zeitrahmen. Dann schreiben die Kinder auf, was sie auf dem Bild entdecken und welche Gedanken und Gefühle sie zu dem Bild haben. Henrik nimmt z. B. in seiner Arbeit Satzteile aus dem Psalm heraus und ordnet sie dem Bild zu:

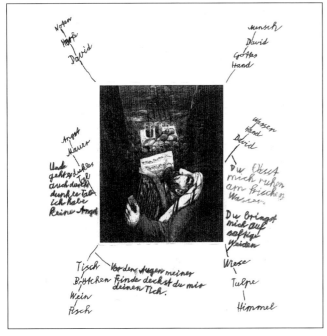

Henrik (2. Schuljahr)

9. Sequenz: Betrachtung des 23. Psalms in Themenabschnitten

Material:
- Arbeitsblatt „Sinnabschnitte" (**M 9**)

Eine andere Möglichkeit, den ganzen Psalm in den Blick zu nehmen und ihn in theologischer Begrifflichkeit zu reflektieren, bietet das Arbeitsblatt „Sinnabschnitte" (**M 9**). Hier ist es die Aufgabe der Kinder, den vier Sinnabschnitten des Psalms Überschriften zu geben, die in Wörtern oder in Sätzen ausgedrückt werden können.

Beispiele aus der Praxis:
Sinnabschnitt 1: Hirte – versorgen – führen
Gott ist mein Hirte. Er versorgt und führt mich.

Sinnabschnitt 2: Angst – Vertrauen – Schutz
Gott ist bei mir. Wenn ich Angst habe, vertraue ich auf Gott.

Sinnabschnitt 3: gedeckter Tisch – Feinde – Fest
Gott feiert ein Fest mit mir.

Sinnabschnitt 4: Haus Gottes – wohnen – Leben
In Gottes Haus darf ich wohnen.

10. Sequenz: Abschluss: Eine Reise in den Psalm

Material:
- Fantasiereise[14] (**M 10**)
- Arbeitsblatt „Sinnabschnitte" (**M 9**)

In dieser letzten Sequenz geht es darum, dass die Kinder ihr individuelles, inneres Bild zum 23. Psalm entwickeln, den Psalm intensiver erfahren und ihn besser verstehen lernen.
Die Sequenz beginnt mit einer Fantasiereise (**M 10**), in der die inneren Vorstellungen und Gefühle der Kinder angesprochen werden. Die Kinder durchlaufen den Psalm während der Fantasiereise in seinen einzelnen Bildern und setzen sich somit individuell mit ihm auseinander. Die Fantasiereise ist durch ihre sprachliche Farbgebung besonders ansprechend: Es werden alle Sinne angesprochen, sodass nicht nur visuelle Bilder entstehen, sondern auch Geräusche, Geschmack, Gefühle usw. erlebt werden können.
Die Kinder setzen sich entspannt an ihre Plätze, bevor sie auf die (Fantasie-)Reise (**M 10**) gehen. Wichtig ist, dass die Kinder sich auf diese Reise einlassen und die Lehrperson den Text deutlich

und langsam spricht. Nach der Fantasiereise sollte sich eine kurze Gesprächsphase anschließen, in der einige Kinder von ihren Bildern und Erlebnissen berichten können. Es hat sich gezeigt, dass die anderen Kinder dadurch nicht in ihren Bildern beeinträchtigt werden.

In Einzelarbeit gestalten die Kinder nun ein Bild, das ihnen in der Fantasiereise besonders wichtig geworden ist. Worte reichen nicht immer aus, um das Erlebte zu vermitteln. Aus diesem Grund sollen die Kinder nach der Fantasiereise ihre Gedanken, Gefühle und inneren Vorstellungen in Bilder umsetzen. Dabei ist es den Kindern überlassen, ob sie gegenständlich, inhaltlich oder abstrakt malen wollen. Besonders geeignet zum Malen sind leuchtende Farben (Tipp: Ölpastell- oder Zuckerkreide, aber auch Wachsmal- und Buntstifte).

Durch das Bild entsteht eine ganz individuelle Aussage über die Erfahrungen und inneren Vorstellungen jedes einzelnen Kindes. Wer mit dem Malen fertig geworden ist, kann seine Gedanken aufschreiben.

Im Anschluss an den Mal- und Schreibprozess kommen die Kinder einzeln zur Tafel und erläutern ihre bildnerische Gestaltung. Zusammen mit den Mitschülern ordnen sie ihre Bilder den vier Sinnabschnitten zu. Dazu wurden von der Lehrperson die Abschnitte (**M 9**) etwas vergrößert und an der aufgeklappten Tafel befestigt. Das jeweilige Bild wird zu dem passenden Sinnabschnitt des Psalms gehängt.

Durch diese Abschlussreflexion wird das Bild mit dem Psalm verknüpft und der Zusammenhang zwischen den eigenen Erfahrungen der Fantasiereise und dem Psalm deutlich.

Aus den Bildern der Kinder kann ein Buch zum 23. Psalm gebunden werden. Die Sinnabschnitte werden jeweils vor die ihnen zugeordneten Bilder der Kinder gelegt. Mit einem Deckblatt versehen, gestalten die Kinder sich so ein Klassenbuch. Natürlich können auch Texte der Kinder dazugefügt werden. Der Psalm bleibt den Kindern auf diese Weise im Klassenraum präsent.

Katharina (2. Schuljahr)

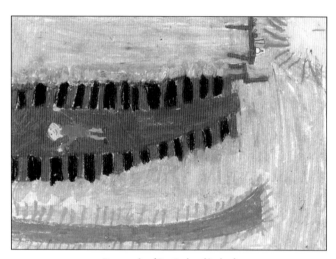

Dennis (2. Schuljahr)

1. Sinnabschnitt

Du, Gott bist mein Hirte. Darum kenne ich keine Not.
Du bringst mich auf saftige Weiden. Du lässt mich ruhen am frischen Wasser. Du gibst mir neue Kraft.
Auf sicheren Wegen leitest du mich.
Dafür stehst du ein mit deinem Namen.

2. Sinnabschnitt

Und geht es auch durchs dunkle Tal –
ich habe keine Angst. Du, Gott, bist bei mir. Du schützt mich und führst mich. Das macht mir Mut.

Itze/Moers: Psalmen
© Persen Verlag, Buxtehude

Lisa (2. Schuljahr)

Ariane (2. Schuljahr)

3. Sinnabschnitt
Vor den Augen meiner Feinde deckst du mir deinen Tisch. Als Gast nimmst du mich bei dir auf. Du füllst mir den Becher bis zum Rand.

4. Sinnabschnitt
Deine Güte und Liebe umgeben mich an allen kommenden Tagen.
In deinem Haus darf ich nun bleiben mein Leben lang.

Mein Haus

Du nimmst mich auf
Gibst mir Geborgenheit
Hinter deinen Mauern finde ich Schutz
Ohne gefangen zu sein
Du lässt mir Luft zum Atmen
Ich spüre Freiheit
Dein Segenswunsch erreicht mich
Bei jedem Gang über die Schwelle

---

[1]   Diese Unterrichtsreihe wurde in Zusammenarbeit mit Jessica Steggemann durchgeführt. Die 10. Sequenz wurde von ihr gestaltet. An dieser Stelle sei Frau Steggemann herzlich gedankt.
[2]   Vgl. zu den Ausführungen Westermann 1984
[3]   Vgl. ebd., S. 95
[4]   Ebd., S. 97
[5]   Ebd., S. 98
[6]   Ebd., S. 98
[7]   Buber, in: Rosenzweig 1986, S. 37 f.
[8]   Kameeta 1983, S. 22
[9]   Quelle unbekannt
[10] Ein Unterschied besteht in der Sprachform des Psalms. Der Anfang und das Ende des Psalms sind in der Lutherfassung in der grammatikalisch korrekten Form der 3. Person geschrieben. Nur im vierten Vers wechselt die Sprachform in die zweite Person.
[11] Eine Übersicht und ausführliche Darstellung der Kinderängste im Grundschulalter befindet sich in: Itze 2007, S. 36
[12] Vgl. zur Gleichzeitigkeit von wörtlichem und symbolischem Verstehen eines Symbols: Oberthür 1995b, S. 89
[13] Als farbige Kunstpostkarte ist das Bild über den Schwabenverlag, 73760 Ostfildern zu beziehen (Bestell-Nr. SK 205).
[14] Die Fantasiereise zum Psalm wurde in Anlehnung an einen Text aus dem Internet geschrieben: http://members.surfeu.de/home/christoph.roemhild/psalm23.html

23 ¹ מִזְמוֹר לְדָוִד

יְהוָה רֹעִי לֹא אֶחְסָר ׃   ² בִּנְאוֹת דֶּשֶׁא יַרְבִּיצֵנִי

עַל־מֵי מְנֻחוֹת יְנַהֲלֵנִי ׃   ³ נַפְשִׁי יְשׁוֹבֵב

יַנְחֵנִי בְמַעְגְּלֵי־צֶדֶק   לְמַעַן שְׁמוֹ ׃

⁴ גַּם כִּי־אֵלֵךְ   בְּגֵיא צַלְמָוֶת   לֹא־אִירָא רָע

כִּי־אַתָּה עִמָּדִי   שִׁבְטְךָ וּמִשְׁעַנְתֶּךָ   הֵמָּה יְנַחֲמֻנִי ׃

⁵ תַּעֲרֹךְ לְפָנַי ׀ שֻׁלְחָן   נֶגֶד צֹרְרָי

דִּשַּׁנְתָּ בַשֶּׁמֶן רֹאשִׁי   כּוֹסִי רְוָיָה ׃

⁶ אַךְ ׀ טוֹב וָחֶסֶד יִרְדְּפוּנִי   כָּל־יְמֵי חַיָּי

וְשַׁבְתִּי בְּבֵית־יְהוָה   לְאֹרֶךְ יָמִים ׃

Itze/Moers: Psalmen
© Persen Verlag, Buxtehude

Psalm 23: Der gute Hirte

Ein Psalm Davids

1   Gott ist mein Hirte,
     mir wird nichts mangeln.
2   Er weidet mich auf einer grünen Aue
     und führet mich zu frischem Wasser.
3   Er erquicket meine Seele.
     Er führet mich auf rechter Straße um seines Namens willen.
4   Und ob ich schon wanderte im finstern Tal,
     fürchte ich kein Unglück;
     denn du bist bei mir,
     dein Stecken und Stab trösten mich.
5   Du bereitest vor mir einen Tisch
     im Angesicht meiner Feinde.
     Du salbest mein Haupt mit Öl
     und schenkest mir voll ein.
6   Gutes und Barmherzigkeit werden mir folgen mein Leben lang,
     und ich werde bleiben im Hause Gottes immerdar.

(Übersetzung nach Martin Luther)

Vervollständige den Text.
Setze dazu folgende Wörter richtig ein:

150   gesungen

Vertrauenspsalm

        Altes Testament   Bibel

Psalm 23 findest du in der _____ im _____ .

Dort stehen insgesamt _____ Psalmen.

In den Psalmen haben Menschen zu Gott gesprochen: Sie haben sich bei Gott beklagt
(Klagepsalmen). Sie haben Gott gelobt und ihm gedankt (Lobpsalmen oder Dankpsalmen),
sie haben ihr Vertrauen zu Gott ausgedrückt (Vertrauenspsalmen).

Psalmen wurden gebetet und vor allem _____ .

Psalm 23 ist ein _____ , in dem das Vertrauen eines

Menschen zu Gott zum Ausdruck kommt.

Auf sicheren Wegen leitest du mich.
Dafür stehst du mit deinem Namen.

Du bringst mich auf saftige Weiden.
Du lässt mich ruhen am frischen Wasser.
Du gibst mir neue Kraft.

Und geht es auch durchs dunkle Tal – ich habe keine Angst.
Du, Gott bist bei mir.
Du schützt mich und führst mich.
Das macht mir Mut.

Du, Gott, bist mein Hirte.
Darum kenne ich keine Not.

Vor den Augen meiner Feinde deckst du mir deinen Tisch.
Als Gast nimmst du mich bei dir auf.
Du füllst mir den Becher bis zum Rand.

"Du, Gott, bist bei mir"

Mein Buch zum

Psalm 23

Dieses Buch gehört:

Deine Güte und Liebe umgeben mich an allen kommenden Tagen.
In deinem Hause darf ich nun bleiben mein Leben lang.

Klebe mich in dein Heft!

Itze/Moers: Psalmen
© Persen Verlag, Buxtehude

Die Vorlage (M 4) wird vergrößert (DIN A3).
Das DIN-A3-Blatt wird quer auf den Tisch gelegt.

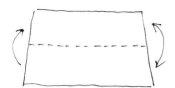

Das Blatt wird der Länge nach in der Mitte gefaltet und wieder aufgeklappt.

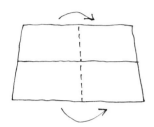

Anschließend wird es der Breite nach in der Mitte gefaltet und wieder aufgeklappt.

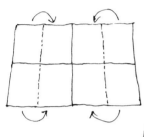

Die beiden Längsseiten werden zur Mitte gefaltet und wieder aufgeklappt, sodass 8 gleich große „Seiten" entstehen.
Die in der Skizze schwarzgefärbte Linie wird eingeschnitten.

Das Blatt wird der Länge nach in der Mitte zusammengefaltet, sodass nur noch 4 „Seiten" zu sehen sind. Die eingeschnittene Seite liegt oben.

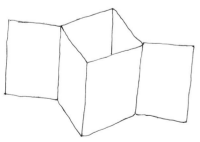

Die linke und rechte Doppelseite werden festgehalten und zur Mitte (zukünftige Buchmitte) geschoben, sodass sich die beiden „inneren" Doppelseiten aufschieben. Die Seiten werden nachgefaltet. Ohne Kleber entsteht ein Buch mit acht Seiten.

Hinweis: Die Herstellung der Bücher sollte die Lehrperson selber übernehmen. Sind die Kinder geübt im Falten und Schneiden, so können sie die Bücher auch selbst erstellen.

Text und Melodie: M. Geiger/ J. Kindt, Veränderte Textfassung: Ulrike Itze

1. Du Gott bist mein Hir - te, Hal - le - lu -

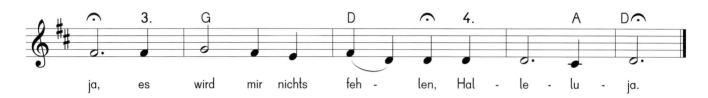

ja, es wird mir nichts feh - len, Hal - le - lu - ja.

2. Du bringst mich auf Weiden, Halleluja.
   Du führst mich zum Wasser, Halleluja.

3. Du leitest mich sicher, Halleluja.
   Dafür steht dein Name, Halleluja.

4. Und muss ich durch Täler, Halleluja.
   Die Angst ist verschwunden, Halleluja.

5. Denn du, Gott, bist bei mir, Halleluja.
   Du schützt mich und führst mich, Halleluja.

6. Du deckst einen Tisch mir, Halleluja,
   vor feindlichen Menschen, Halleluja.

7. Du nimmst mich als Gast auf, Halleluja.
   Du füllst meinen Becher, Halleluja.

8. Die Güte und Liebe, Halleluja,
   die werden mir folgen, Halleluja.

9. Ich bleibe im Hause, Halleluja,
   bei dir nun für immer, Halleluja.

Itze/Moers: Psalmen
© Persen Verlag, Buxtehude

Vorbereitende Übung:
Die Kinder stehen im Kreis. Sie werden aufgefordert, sich ganz bewusst hinzustellen und einen guten Stand zu finden. Die Füße sollen mit etwas Abstand nebeneinander fest auf dem Boden stehen. Die Knie sind locker, das Gewicht ist gleichmäßig auf beide Füße verteilt. Der Rücken ist aufgerichtet zwischen „Himmel und Erde": Der Scheitelpunkt zeigt zum Himmel, das Steißbein „fällt" zum Boden. Schultern und Arme hängen herunter.
Jetzt wird der Text gemeinsam gesprochen, dazu werden die Bewegungen solange eingeübt, bis die Einheit von Text und Bewegung erreicht ist.
Die Bewegungen werden gemeinsam überlegt. Die folgende Übersicht versteht sich als Gestaltungsvorschlag:

Text	Bewegungen/Gebärden
Du, Gott, bist mein …	Zu Beginn bilden alle Kinder einen Kreis und fassen sich an den Händen.
	Die Kinder lassen die Hände des Nachbarn los. Sie heben bei der Anrede „Du" bzw. „Gott" stets die Arme nach oben, um eine Beziehung zu Gott aufzunehmen.
… Hirte.	Die Kinder bilden beim Begriff „Hirte" ein Dach mit den Händen über ihrem Kopf, um den Schutz anzudeuten.
Darum kenne ich keine Not.	Die Kinder fassen sich an den Händen. Sie schütteln zur Verdeutlichung der Verneinung der Not mit dem Kopf.
Du bringst mich auf saftige Weiden.	Die Kinder halten sich weiterhin an den Händen und laufen im Kreis herum.
Du lässt mich ruhen am frischen Wasser.	Nach einer Weile finden sie einen Platz, lassen die Hände ihres Nachbarn los und sinken langsam Richtung Boden. Sie ruhen sich am Boden aus. Eine wirkliche Ruhephase sollte hier einsetzen.
Du gibst mir neue Kraft.	Die Kinder fassen sich wieder an den Händen und richten sich langsam von unten nach oben auf, bis sie wieder fest am Boden stehen. Durch das Festhalten des Nachbarn fällt niemand hin.
Auf sicheren Wegen leitest du mich.	Immer zwei Kinder tun sich zusammen und machen eine Partnerübung: Ein Kind schließt die Augen, das andere Kind stellt sich dahinter, legt seine Arme auf die Schultern und führt das Kind. Alle Partner bewegen sich im Kreis.
Dafür stehst du ein mit deinem Namen.	Die Kinder heben bei der Anrede „Du" wieder die Arme nach oben (V-förmig), um eine Beziehung zu Gott aufzunehmen.
Und geht es auch durchs dunkle Tal –	Die Kinder gehen langsam in gebeugter Haltung im Kreis herum.

ich habe keine Angst.	Die Kinder bleiben stehen, richten sich auf und schütteln ihren Kopf zur Unterstützung der Verneinung der Angst.
Du, Gott, bist bei mir.	Die Kinder heben bei der Anrede „Du" wieder die Arme nach oben (V-förmig), um eine Beziehung zu Gott aufzunehmen. Bei der Wendung „bist bei mir" legen sie ihre Hände auf ihr Herz.
Du schützt mich und führst mich.	Die Kinder fassen sich an den Händen und gehen einige Schritte.
Das macht mir Mut.	Die Kinder bleiben stehen, die Füße sind nebeneinander. Die Kinder strecken sich nach oben, „sie wachsen" (auf Zehenspitzen stellen) – die Hände des Nachbarn helfen erneut bei dieser Übung.
Vor den Augen meiner Feinde deckst du mir deinen Tisch.	Partnerübung: Ein Kind deckt einen Tisch für das andere Kind. Mit den Händen kann der Tisch schön gestaltet werden.
Als Gast nimmst du mich bei dir auf.	Erweiterung der Partnerübung: Das Kind klopft an die Tür, das andere Kind öffnet. Der Gast wird mit einer Geste der Umarmung aufgenommen.
Du füllst mir den Becher bis zum Rand.	Erweiterung der Partnerübung: Das Kind, das den Tisch gedeckt hat, füllt einen Becher.
Deine Güte und Liebe umgeben mich an allen kommenden Tagen.	Die Kinder stellen sich wieder in den Kreis, fassen sich aber nicht an den Händen. Jedes Kind hält die Hände nach vorne – zu einem Kreis angedeutet (Hilfe: einen Baum umarmen) – und dreht sich langsam im Kreis um sich selbst.
In deinem Haus darf ich nun bleiben mein Leben lang.	Alle Kinder fassen sich an den Händen und heben die Hände hoch. So werden viele „Häuser" angedeutet. Die Kinder nehmen die Hände wieder herunter und bleiben ruhig stehen. Als Abschluss kann eine Welle gebildet werden. Ein Kind hebt einen Arm, das zweite Kind hebt seinen Arm usw. Eine fließende Bewegung entsteht.

Itze/Moers: Psalmen
© Persen Verlag, Buxtehude

Der gute Hirte

Du, Gott, bist mein Hirte.

Darum kenne ich keine Not.

Du bringst mich auf saftige Weiden.

Du lässt mich ruhen am frischen Wasser.

Du gibst mir neue Kraft.

Auf sicheren Wegen leitest du mich.

Dafür stehst du ein mit deinem Namen.

Und geht es auch durchs dunkle Tal –

ich habe keine Angst.

Du, Gott, bist bei mir.

Du schützt mich und führst mich.

Das macht mir Mut.

Vor den Augen meiner Feinde

deckst du mir deinen Tisch.

Als Gast nimmst du mich auf.

Du füllst meinen Becher bis zum Rand.

Deine Güte und Liebe umgeben mich

an allen kommenden Tagen.

In deinem Haus darf ich nun bleiben

mein Leben lang.

Du, Gott, bist mein Hirte.
Darum kenne ich keine Not.
Du bringst mich auf saftige Weiden.
Du lässt mich ruhen am frischen Wasser.
Du gibst mir neue Kraft.
Auf sicheren Wegen leitest du mich.
Dafür stehst du ein mit deinem Namen.

Und geht es auch durchs dunkle Tal –
ich habe keine Angst.
Du, Gott, bist bei mir.
Du schützt mich und führst mich.
Das macht mir Mut.

Vor den Augen meiner Feinde
deckst du mir deinen Tisch.
Als Gast nimmst du mich auf.
Du füllst meinen Becher bis zum Rand.

Deine Güte und Liebe umgeben mich
an allen kommenden Tagen.
In deinem Haus darf ich nun bleiben
mein Leben lang.

1. **Lies dir den Psalm durch.**
   Du kannst ihn auch laut vorlesen.

2. **Überlege, um welche verschiedenen Themen es in den vier Abschnitten geht.**

3. **Schreibe Wörter oder Sätze in die Felder, die zu den Abschnitten passen.**
   Gestalte sie.

Itze/Moers: Psalmen
© Persen Verlag, Buxtehude

Möglicher Einstieg

Mache es dir bequem.

Stelle deine Beine bequem auf den Boden.

Entspanne dich am ganzen Körper.

Lege deine Arme auf den Tisch.

Nun lege deinen Kopf auf deine Arme.

Schließe deine Augen und werde ganz ruhig.

Die Reise beginnt

(zum 1. Sinnabschnitt des Psalms: Auf der Wiese und am Wasser – Kraft tanken)

Stelle dir vor, du bist auf einer Wiese.

Es ist eine saftige, grüne Wiese.

Du ziehst deine Schuhe aus und gehst über das Gras.

Das Gras unter deinen nackten Füßen fühlt sich ganz weich an.

Es streicht um deine Füße.

Schaue dich um.

Die Wiese ist sanft geschwungen, rechts führt ein kleiner Hügel hinauf.

Dort siehst du einen Hirten mit seiner Schafherde.

Die Schafe fressen von dem saftig grünen Gras.

Du lauschst.

Jetzt kannst Du die Schafe auch blöken hören.

Aber du hörst noch etwas.

Es ist das Rauschen des Wassers.

In der Mitte der Wiese ist ein Bach.

Das frische Wasser glitzert in der Sonne.

Es plätschert fröhlich, und es klingt fast wie eine Melodie.

Du kniest dich am Ufer hin.

Du hältst deine Hand ins Wasser.

Es strömt angenehm kühl zwischen deinen Fingern hindurch.

Du schöpfst mit der Hand etwas Wasser und wäschst dein Gesicht.

Du schöpfst mit der Hand etwas Wasser und trinkst etwas.

Es schmeckt köstlich.

Du stehst wieder auf und gehst weiter über die Wiese.

(zum 2. Sinnabschnitt des Psalms: Das Tal – die Angst / Gott ist bei mir – der Mut)

Am Ende der Wiese ist der Eingang zu einem Tal.

Es ist ein schmales Tal und es ist schattig dort.

Du gehst hinein.

Es ist sehr dunkel.

Links und rechts sind Felsen.

Doch du gehst weiter.

Immer weiter.

Es wird immer dunkler.

Du hast Angst.

Du überlegst, zurückzugehen.

Du weißt nicht mehr, wo du bist.

Deine Angst wird immer größer.

Doch da – endlich siehst du etwas Licht.

Du gehst weiter.

Das Licht zeigt dir den Weg.

Du hast jetzt keine Angst mehr.

Du hast neuen Mut gefasst.

Du fühlst dich wieder sicher.

Das Licht führt dich.

Du spürst: Gott ist bei dir.

Es wird immer heller.

Du gehst weiter.

Bald verlässt du das Tal.

(zum 3. Sinnabschnitt des Psalms: Der reich gedeckte Tisch – Gott sorgt für mich)

Du kommst auf eine zweite Wiese.

Diese Wiese ist von Bäumen umgeben.

In ihrer Mitte steht ein großer Esstisch.

Er trägt eine schöne Tischdecke und auf ihm stehen Blumen.

Du siehst große Teller.

Du sieht auch Essen auf dem Tisch.

Du siehst Salat und Brot,

Butter, Käse und Weintrauben.

Du isst von den Sachen, die du gerne magst.

Sie schmecken dir.

Es ist genug da. Nicht zuviel und nicht zuwenig.

Du bekommst nun etwas Durst.

An einem Ende des Tisches siehst du einen wunderschönen Becher.

Du gehst zu ihm hin.

Du schaust hinein und siehst, dass er bis zum Rand gefüllt ist.

Es ist leckerer Saft.

Du trinkst. Der Saft ist warm und kalt zugleich.

Er kribbelt angenehm in deinem Hals und belebt sehr.

(zum 4. Sinnabschnitt des Psalms: Im Garten Gottes – Ich möchte bleiben)

Jetzt bist du müde.

Du legst dich auf die Wiese.

Sie ist weich und warm – von der Sonne.

Ruhe durchströmt dich.

Du erholst dich.

Du sammelst neue Kraft.

Du fühlst dich frisch und belebt.

Dein Herz ist voller Freude.

Am liebsten würdest du dein ganzes Leben hier bleiben.

Doch es ist schon spät.

Du stehst auf.

Langsam verlässt du die Wiese.

Das Ende der Reise

Du kommst nun langsam in den Klassenraum zurück.

Spüre, dass du wieder im Klassenraum sitzt.

Nun nimmst du den Kopf langsam mit geschlossenen Augen hoch.

Mache zwei Fäuste, spanne zuerst deine Arme an und strecke deine Beine.

Recke und strecke dich.

Öffne die Augen.

Itze/Moers: Psalmen
© Persen Verlag, Buxtehude

Edelgard Moers

Mein eigenes Psalmwort – Lyrische Textproduktion mit Kindern[1] (3.–6. Schuljahr)

Zur Sache

Psalmen sind Gedichte und wollen keine Informationen, kein Wissen weitergeben. Sie lassen den Leser vielmehr teilhaben an den Erfahrungen von Gruppen und Menschen und laden ihn ein, sich in den Erfahrungen wiederzufinden, die eigenen Erfahrungen einzubringen und zum Ausdruck zu bringen. Nicht jedes Gedicht passt zu jeder Situation. Dies gilt für weltliche Lyrik, aber auch für die biblischen Gebete.

Die Lautmalerei, die verschiedenen Stilfiguren und der Stabreim sind sprachliche Kennzeichen der Psalmen. Eine besondere Form ist das alphabetische Gedicht: Die Anfangsbuchstaben der Verszeilen durchlaufen das (hebräische) Alphabet (Ps 9; 10; 119 – bei diesem Psalm sind es jeweils acht Zeilen, die mit dem gleichen Buchstaben beginnen; Spr 31,10-31).
In der Lyrik der Hebräer ist die äußere Welt nur da, insofern sie das Gemüt erregt; die Fantasie geht von der Verwandtschaft der Bilder aus, springt je nach Ähnlichkeit von einem zum anderen. Ihre Bilder sind einfach, aber großartig, blitzähnlich schlagend; ihre Begeisterung ist hinreißend, ekstatisch, enthusiastisch; ihr Objekt ist das Höchste, der Gott Jahwe; das Verhältnis zu ihm ist nicht kontemplativ, sondern sympathetisch: Anruf, Lob, Dank, Verehrung, Furcht, Hoffnung und Zuversicht. Neben der geistlichen (Psalmen Davids, Propheten) bestand eine weltliche didaktische (Salomos Spruchweisheit), Liebes- (das Hohelied Salomos) und Kriegslyrik (Siegeslied der Deborah).
Die äußere Form bei Psalmen ist durch Parallelität der Gedanken und des Strophenbaus gekennzeichnet. Ein Vers besteht aus zwei (manchmal aus drei) gleich aufgebauten Zeilen.

a) Parallelität der Gedanken (mit einem Synonym):

Der Psalm hat zwei aufeinanderfolgende Zeilen oder Verse mit dem gleichen Sinn (manchmal haben die beiden Zeilen auch eine gegensätzliche Bedeutung, s. b). Der zweite Vers wiederholt den ersten mit anderen Worten. Es können Fragen oder Aussagen sein.

„Mein Gott, mein Gott, warum hast du mich verlassen,
bist fern meinem Schreien, den Worten meiner Klage?" (Ps 22,2)

„Wie lange noch …
Wie lange verbirgst du dein Antlitz?" (Ps 13,2)

„Ich will Gott singen, solange ich lebe,
will meinem Gott spielen, solange ich da bin." (Ps 104,33)

„Gott, höre mein Gebet!
Mein Schreien dringe zu dir." (Ps 102,2)

b) Parallelität der Gedanken (mit einer Antithese):

Der Psalm hat zwei aufeinanderfolgende Verse. Der zweite Versteil wiederholt den ersten und unterstreicht, indem er das Gegenteil aussagt.

„Gott kennt den Weg der Gerechten,
aber der Weg der Gottlosen geht ins Leere." (Ps 1,6)

„Mein Gott, ich rufe bei Tag,
doch du gibst keine Antwort,
ich rufe bei Nacht und finde doch keine Ruhe.
Aber du bist heilig,
du thronst über dem Lobpreis Israels." (Psalm 22,3.4)

„Denn Gott kennt den Weg der Gerechten, der Weg der Frevler aber führt in den Abgrund." (Ps 1,6).

„Denn sein Zorn dauert nur einen Augenblick, doch seine Güte ein Leben lang.
Wenn man am Abend auch weint,
am Morgen herrscht wieder Jubel." (Ps 30,6)

c) Parallelität der Gedanken (mit einer Synthese)

Der Psalm hat zwei Zeilen. In dem zweiten Vers wird der Gedanke des ersten Versgliedes weitergeführt.

„Gott ist mein Hirte,
nichts wird mir fehlen." (Ps 23,1)

„Gott ist mein Licht und mein Heil:
Vor wem sollte ich mich fürchten?
Gott ist die Kraft meines Lebens:
Vor wem sollte mir bangen?" (Ps 27,1)

d) Parallelität der Gedanken (mit einer Ergänzung):

Der Psalm besteht aus zwei Zeilen. In dem zweiten Vers wird der Gedanke des ersten Verses ergänzt.

„Bringt Gott, ihr Himmlischen,
bringt dar Ehre und Stärke." (Ps 29,1)

Die hebräische Poesie zeigt gut, wie der semitische Mensch denkt. Während der abendländische Mensch sich „logisch" ausdrückt, indem ein Gedanke dem anderen folgt, bewegt sich das hebräische Denken mehr spiral- oder kreisförmig. Es nähert sich der Kernaussage von verschiedenen Seiten und nennt verschiedene Aspekte. Es ist eine Art Meditation, ein Überlegen, Nachsinnen, Wiederholen, gegeneinander Abwägen, ein Kreisen um ein Thema, das mehrere Schichten des Menschen anspricht.

Psalmen sind Poesie des Gefühls. Der Dichter, der Träger der lyrischen Gemütsstimmung, erscheint ganz in dieselbe versenkt (in das Gefühl verloren) oder verhält sich derselben gegenüber beobachtend und beurteilend. Die Gemütsstimmung kann eine beschauliche (ruhig genießende) oder begehrliche (verlangende oder verabscheuende) sein, die sich im Freude- und Trauerlied, Sehnsuchts-, Hoffnungs-, Klage- und Angstlied widerspiegelt.

Bereits in den Zeiten der alten Chinesen, Babylonier, Perser oder Juden gab es lyrische Texte als literarische Ausdrucksform. Bekannt sind bei uns insbesondere die Psalmen und das Hohelied des Salomon, die aus dem Judentum stammen. Die Anfänge der Lyrik fallen zusammen mit den Anfängen lyrischer Gemütsstimmung. Das lyrische Gedicht ist nach Goethe das „Gelegenheitsgedicht". Aus der durch irgendeinen Anlass erzeugten lyrischen Gemütsstimmung bricht der den Rhythmus des erzeugenden Gefühls nachahmende Worterguss hervor.
Die Volkslieder der Chinesen (Jagd-, Liebes-, Opfer-, Familienlieder etc.) in gereimten Versen

reichen, im I Ging gesammelt, bis anderthalb Jahrtausende v. Chr. zurück und haben, dem Volksgeist entsprechend, vorzugsweise belehrenden Charakter. In Ägypten finden sich Hymnen, die an die Psalmen erinnern, und Totenklagen wie z. B. Manerosgesang: das Klagelied der Isis um Osiris.

Lernchancen

Die Kinder erhalten Lernchancen auf unterschiedlichen Ebenen:
- Sie vertiefen ihre Kenntnisse über die Sprache der Bibel und erweitern dadurch ihre Sprachkompetenz.
- Sie vertiefen ihre Wahrnehmung, nehmen eigene Stimmungen und Gefühle bewusst wahr, verstehen ihr Leben als Lebensweg mit unterschiedlichen Stationen, entfalten eigene innere Bilder und bringen diese mithilfe eines ausgewählten Lyrik-Musters in kreativer Weise zum Ausdruck.
- Sie verfassen anhand eines Modell-Angebots eigene Psalmwörter und erweitern ihre religiöse Kompetenz.
- Sie bringen in den eigenen Texten Lob, Klage oder das Staunen vor der Schöpfung zum Ausdruck.
- Sie verstehen den bildhaften Charakter biblischer Texte und erweitern dadurch ihr Symbolverständnis.
- Sie verstehen die entstandenen Texte als Orientierungsangebot für das eigene Leben und erweitern dadurch ihre personale Kompetenz.
- Sie beziehen sie beim Entfalten von Vertrauensbildern auf das eigene Leben und erweitern ihre emotionale Kompetenz.
- Sie entwickeln ihr Gottesbild weiter und bestätigen die Glaubensaussage, dass Gott der Schöpfer der Welt ist und das Leben schenkt.

Vorüberlegungen

Durch eine intensive Auseinandersetzung mit Psalmen im Unterricht erhalten die Kinder Sprachmuster, um eigene Gefühle auszudrücken und ihre Symbolfähigkeit weiter zu entwickeln. Psalmwörter geben den Kindern ein Ausdrucksmittel an die Hand. Mithilfe von Psalmwörtern haben sie die Chance, eigene innere Bilder zu entfalten, z. B. für Wut, Angst,

Itze/Moers: Psalmen
© Persen Verlag, Buxtehude

Freude, sowie eigene Gefühle in ihrer Tiefe wahrzunehmen und kreativ zum Ausdruck zu bringen.

Bei der Arbeit mit Psalmen gibt es vielfältige methodische Vorgehensweisen. So können Kinder den Psalm chorisch sprechen oder Sinneseindrücke und Gefühle mit in eigene Formulierungen bringen (Ich höre, ... Ich sehe, ... Ich fühle, ...) oder sie führen ein stummes Schreibgespräch zu einem Psalmwort.
Die Sprache der Psalmen wird den Kindern erst richtig vertraut, wenn sie selbst einen Psalm in Anlehnung an ein bekanntes Wort oder mithilfe einer Lyrik-Kartei formulieren dürfen.

In den nachfolgenden Anleitungen zum Schreiben eigener Texte finden sich die Grunderfahrungen der Psalmen Lob, Dank, Klage, Bitte und Vertrauen wieder. Durch die verschiedenen Angebote, aus denen die Kinder auswählen können, werden sie zu einer bewussten Auseinandersetzung mit den Grunderfahrungen befähigt.

Du-Gedicht (**M 1**) = Vertrauen
Fragezeichenduo (**M 2**) = Klage mit Vertrauenszusage
Sinneseindrücke (**M 3**)= Lob und Dank
Sinnesgarten (**M 4**) = Lob und Dank
Wunschzettel (**M 5**) = Bitte
Wunschträume (**M 6**) = Bitte mit Klage

Eigene innere Bilder zum Weg, Wasser, Felsen, Hirte, Licht, Burg etc. können in lyrischer Form z. B. in einem Weg-Gedicht (**M 7**), Akrostichon, Haiku, Elfchen, Siebenlein, Avenida, Triolett oder Sinnesrondo zum Ausdruck gebracht werden.

Zum Verlauf

Schritt 1

Material:
• Arbeitsblätter **M 1–M 7**

Nachdem die Schüler schon einige Psalmen gelesen und zu ihnen gearbeitet haben, die verschiedenen Kategorien (Lob, Klage …) der Psalmen kennen und mit der Sprache der Psalmen vertraut sind, stellt die Lehrperson einige Gedicht-Modelle (**M 1–M 7**) vor.
Die Kinder überlegen in Kleingruppen, worüber sie schreiben möchten und sammeln ihre Gedanken in einem Cluster.

Schritt 2

Material:
• Arbeitsblätter **M 1–M 7**

Jedes Kind wählt nun in Einzelarbeit ein Gedicht-Modell für ein eigenes Psalmwort aus, nimmt das entsprechende Arbeitsblatt und liest die Anleitung.
Anschließend schreiben die Kinder in Einzelarbeit ihren Text auf das Arbeitsblatt. Dabei können ihnen die Wörter aus dem Cluster helfen.

Schritt 3

Material:
• Arbeitsblätter **M 1–M 7**

Immer zwei bis drei Schüler lesen sich gegenseitig ihre Gedichte vor. Dabei können die Zuhörer dem Autor Verbesserungvorschläge anbieten.

Schritt 4

Material:
• Arbeitsblätter **M 1–M 7**

Die Kinder bekommen nun noch einmal Zeit, den eigenen Text aufgrund der Verbesserungsvorschläge der Mitschüler zu überarbeiten.

Schritt 5

Material:
• Schmuckblatt (s. S. 130)

Die Kinder schreiben nun ihren Psalm in Schönschrift auf ein Schmuckblatt.

Schritt 6

Material:
• ausgefüllte Schmuckblätter
• Plakatkarton
• ggf. Computer
• ggf. Papier (DIN A4)

Die Gedichte der Schüler werden präsenriert:
• Die Kinder kleben die Texte auf Plakatkarton und stellen sie im Flur oder im Klassenraum aus.

- Sie präsentieren die eigenen Psalmen bei einer Lesung vor Publikum.
- Sie tippen die Texte mit dem Computer ab, stellen sie zu einem Buch zusammen und malen dazu noch Bilder.

Weitere Ideen finden Sie in dem Kapitel „Individuelle und kreative Begegnung mit einem Psalmwort" (S. 28 ff.).

---

[1] Literaturtipps:
Schumann 2000
Böttcher 1999
Behnen 1999
Moers; Zühlke 1999
Schulz 1997
Fischer u. a. 2005
Parisius 1999

Itze/Moers: Psalmen
© Persen Verlag, Buxtehude

Du-Gedicht

Wenn du über deine Beziehung zu Gott oder einem Menschen ein Gedicht schreiben möchtest, so kannst du das mit dieser Gedichtform tun:

1) Schreibe in die 1. Zeile, was Gott oder der Mensch dir Gutes getan hat, was er oder sie für dich bedeutet oder was du fühlst, wenn du an ihn oder sie denkst.
   Beginne die Zeile mit „Du ...".
2) Schreibe in die 2. Zeile den *gleichen Inhalt*, jedoch mit *anderen, bildhaften Begriffen* (wie Sonne, Licht, Haus).
   Beginne diese Zeile auch mit „Du ...".
3) Schreibe in die 3. Zeile, wozu dich Gott oder die Person ermutigt oder befähigt.
4) Male ein Bild dazu.

Du _____ .

Du _____ .

Mit dir _____ .

Beispiel:
Du begleitest mich in all meinen Gedanken.
Du bist für mich Sonne und Mond.
Mit dir sehe ich immer alles in klarem Licht.

Fragezeichenduo

Wenn du eine persönliche und schwierige Frage hast, die du Gott oder einem Menschen stellen möchtest, dann nutze diese Gedichtform:

1) **Schreibe in die 1. Zeile deine Frage oder dein Anliegen.**
2) **Schreibe in die 2. Zeile auch eine Frage mit dem *gleichen Inhalt* der 1. Zeile, jedoch mit anderen Worten.**
3) **Schreibe in die 3. Zeile eine Anklage, die in der 4. Zeile durch das „aber" am Anfang eingeschränkt wird und deine Hoffnung oder Überzeugung ausdrückt.**
4) **Am Schluss kannst du eine Überschrift darüber setzen. Male noch ein Bild dazu.**

_____

_____ ?

_____ ?

_____ ,

aber _____ .

Beispiel:
Mobbing
Wie lange noch lässt du mich leiden?
Wie lange muss ich die Beschimpfungen ertragen?
Die anderen sehen meinen Kummer nicht,
aber ich weiß, dass du mich trösten wirst.

Itze/Moers: Psalmen
© Persen Verlag, Buxtehude

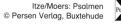

Sinneseindrücke

1) **Konzentriere dich auf etwas, das dich beschäftigt oder beeindruckt. Schreibe dazu auf, was du hören, was du sehen und was du fühlen kannst (Zeilen 1–3).**
2) **Formuliere in einem weiteren Satz, was du unbedingt dazu sagen möchtest oder was du dazu weißt (Zeile 4).**
3) **Lobe oder danke jemandem dafür, der dir diese Erlebnisse ermöglicht (Zeile 5).**
4) **Male ein Bild dazu.**

Ich höre, _____ .

Ich sehe, _____ .

Ich fühle, _____ .

Ich weiß, _____ .

Ich _____ .

Beispiel:
Ich höre, wie der Wind durch die Blätter raschelt.
Ich sehe, wie die Vögel auf den Bäumen sitzen.
Ich fühle, dass auch ich ein Teil der Natur bin.
Ich weiß, dass du alle Lebewesen liebst.
Ich danke dir, Gott, dass ich in deiner Schöpfung leben darf.

Sinnesgarten

Wenn du dein Staunen über die Schönheit der Schöpfung zum Ausdruck bringen möchtest, so kannst du das in sieben Zeilen tun:

1) **Schreibe in die 2. Zeile, welcher Anblick dich bisher am stärksten angerührt hat.**
2) **Schreibe in die 3. Zeile, welches Geräusch dir bisher am besten gefallen hat.**
3) **Schreibe in die 4. Zeile, welcher Geschmack dich am meisten beeindruckt hat.**
4) **Schreibe in die 5. Zeile, welchen Duft du bisher am liebsten gerochen hast.**
5) **Schreibe in die 6. Zeile, was du am liebsten berührst.**
6) **Male ein Bild dazu.**

Wer nie

_____ gesehen hat,

_____ gehört hat,

_____ geschmeckt hat,

_____ eingeatmet hat und

_____ gespürt hat,

der hat nie gelebt.

Beispiel:
Wer nie
die verschneiten Berggipfel in dem Licht der aufgehenden Sonne gesehen hat,
das Zwitschern der Vögel an einem Frühlingsmorgen gehört hat,
das Salz der Lippen an der Brandung des Meeres geschmeckt hat,
den Duft des Waldes bei einem Abendspaziergang eingeatmet hat und
den Kuss eines lieben Menschen auf der Haut gespürt hat,
der hat nie gelebt.

Itze/Moers: Psalmen
© Persen Verlag, Buxtehude

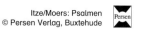

1) **Schreibe in die 1., 3. und 5. Zeile deinen größten Wunsch auf. Du kannst auch den Adressaten deines Wunsches nennen. Es kann ein Mensch oder auch Gott sein.**
2) **In der 2., 4. und 6. Zeile begründe deinen Wunsch.**
3) **Male ein Bild dazu.**

Ich bitte dich _____ ,

weil _____ .

Ich bitte dich _____ ,

weil _____ .

Ich bitte dich _____ ,

weil _____ .

Beispiel:
Ich bitte dich, lieber Gott, mache meine Oma wieder gesund,
weil sie mir so schöne Geschichten vorlesen kann.
Ich bitte dich, mache meine Oma wieder gesund,
weil sie mir so leckere Pfannekuchen backen kann.
Ich bitte dich, Gott, mache meine Oma wieder gesund,
weil ich sie so lieb habe.

Wunschträume

1) **Schreibe in die 1. Zeile deinen größten Wunsch.**
2) **In die 2. Zeile schreibst du, wie bisher andere versucht haben, dir deinen Wunsch zu erfüllen.**
3) **Wenn du noch einen weiteren Wunsch hast, so schreibst du ihn in die 3. Zeile.**
4) **In die 4. Zeile schreibst du, wie andere versucht haben, diesen Wunsch zu erfüllen.**
5) **Schreibe in die letzte Zeile, welches Gefühl du hattest, als andere versuchten dir deine Wünsche zu erfüllen.**
6) **Male ein Bild dazu.**

Ich träumte von _____ .

Und bekam _____ .

Ich träumte von _____ .

Und bekam _____ .

_____ .

Beispiel:
Ich träumte von Zuwendung.
Und bekam Geschenke.
Ich träumte von Verständnis.
Und bekam Vorschriften.
Ich hatte das Gefühl, immer kleiner zu werden.

Itze/Moers: Psalmen
© Persen Verlag, Buxtehude

1) **Benenne deinen Lieblingsweg oder einen anderen Weg, der für dich eine Bedeutung hat. Du kannst dich auch für das Wort Lebensweg entscheiden. Schreibe deine Entscheidung auf, denn so soll die Überschrift deines Gedichtes heißen.**

2) **Schreibe auf, wie oft du ihn gehst, welches Gefühl und welche Gedanken du dabei hast, was du siehst, was du hörst, was du riechst, wem du begegnest und was dir sonst noch auf diesem Weg auffällt oder einfällt.**

3) **Du kannst auch beschreiben, wo dein Lieblingsweg ist und was er dir bedeutet.**

Der _____ weg

Ich gehe ihn _____ ,

fühle mich _____ und

denke an _____ .

Der _____ weg führt mich _____ .

Ich sehe _____ ,

höre _____ ,

rieche _____ .

Mir begegnen _____ .

_____ .

_____ .

Beispiel:
Der Schulweg
Ich gehe ihn jeden Tag zweimal, einmal hin und einmal zurück,
fühle mich sehr wohl und
denke an schöne Geschichten.
Der Schulweg führt mich an Wiesen und Feldern vorbei.
Ich sehe viele Kühe und Pferde,
höre das Muhen und Wiehern der Tiere,
rieche das Heu.
Mir begegnen viele Kinder.
Ich unterhalte mich unterwegs mit ihnen.
Wir lachen viel.
Mein Schulweg ist ein schöner Weg.

Ulrike Itze

Kreatives Arbeiten mit der Psalmwort-Kartei von Rainer Oberthür und Alois Mayer[1] (3.–6. Schuljahr)

Vorbemerkungen

Bereits viele Lehrer haben die Arbeit mit Psalmen mithilfe der Psalmwort-Kartei von Rainer Oberthür und Alois Mayer kennen und schätzen gelernt. Nach gründlicher Einführung der Kinder in die sieben Rubriken der Kartei, denen 120 Psalmworte zugeordnet sind, können sie sich selbstständig Psalmworte auswählen und in Ruhe und eigenem Tempo in die Auseinandersetzung mit den Texten eintreten.

Der folgende Beitrag versteht sich nicht als Einführung in die Psalmwort-Kartei[2], sondern als Ermutigung zur Arbeit mit Psalmen mithilfe dieser Kartei. Beispiele aus der Arbeit mit Kindern eines 4. Schuljahres sollen verdeutlichen, dass die Kinder sowohl zum wörtlichen als auch zum symbolischen Verstehen der Psalmen fähig sind. Oberthür spricht von der „Gleichzeitigkeit wörtlichen und symbolischen Verstehens"[3]. Kinder können Psalmen auf ihr eigenes Leben beziehen. Sie können durch Psalmen vergleichbar erlebte Situationen und Gefühle erinnern und mit den Psalmtexten in einen Zusammenhang stellen: Sie können sich in Psalmen entdecken. Kinder können Psalmen durch den Prozess von Gestaltung, Auseinandersetzung und Verstehen als Orientierungshilfe für ihr eigenes Leben erfahren.

Dieser Artikel weist auf einen methodischen Dreischritt in der Arbeit mit der Psalmwort-Kartei hin. Er liegt auf der zunächst eigenen oder gemeinsamen *freien kreativen Ausgestaltung* des gewählten Psalmwortes mit Farben, Formen, Klängen etc. (vgl. dazu „Individuelle und kreative Begegnung mit einem Psalmwort", S. 28 ff.), zu dem dann die eigenen gewonnenen *Bilder auf einem Arbeitsblatt gemalt* und anschließend auf verschiedene methodische Weisen *in Schriftsprache beschrieben* werden können.

Der religionspädagogische Ansatz von Rainer Oberthür

Im Anschluss an die religionspädagogische Arbeit mit Psalmen von Ingo Baldermann[4] entwickelte Rainer Oberthür eine Psalmwort-Kartei. Oberthür schloss sich der Grundentscheidung von Baldermann an, die Kinder nicht mit ganzen Psalmtexten, sondern mit ausgewählten elementaren Sätzen zu konfrontieren, die Grund- und Lebenserfahrungen der Kinder widerspiegeln. Im Gegensatz zu Baldermann jedoch legte Oberthür Wert auf den Aspekt des freien Arbeitens mit Psalmtexten im Religionsunterricht[5].

Ansatz von Ingo Baldermann: Kinder entdecken sich selbst in den Psalmen

- Hohe Wertschätzung der Psalmen für die Religionspädagogik.
- **Elementarisierung** der Psalmtexte: Herausgreifen von zentralen Sätzen der Klage, des Lobes.
- Unmittelbare Begegnung von Psalmtext und Kind.
- Die Psalmsätze finden erst dann Konkretion und eine eigene emotionale Intensität für die Kinder, wenn sie sie mit menschlichen Erfahrungen verbinden können: Kinder nehmen die Psalmtexte an, übernehmen sie als ihre eigene Sprache und füllen sie mit eigenem Erleben.
- Ziel: Gotteserfahrung inmitten der kindlichen Alltagserfahrungen begreiflich und zugänglich machen. Psalmen als Sprache für die Angst → Sprache der Hoffnung entwickeln.

Fazit:
1. **Psalmen leihen den Kindern die Sprache.** Verletzende und bedrohliche Erfahrungen bleiben nicht mehr sprachlos, so leisten die Psalmen einen Beitrag zur emotionalen Erziehung.
2. Kinder finden einen eigenen Zugang zur Bibel. Das ist nur auf dem Wege eines unmittelbaren und elementaren Verstehens möglich.
3. Mit diesem Zugang öffnen sich die Kinder auch ganz andere Zusammenhänge biblischer Überlieferung (z. B. Ostergeschichte).
4. In Klageworten ist die Hoffnung als strukturbildendes Prinzip schon erkennbar (Klage → Lob).

Itze/Moers: Psalmen
© Persen Verlag, Buxtehude

Ansatz von Rainer Oberthür (in Anlehnung an Baldermann): Psalmwort-Kartei

1. **Anschluss an Baldermann:** Die Psalmen sind nicht nur für Erwachsene, sondern auch für Kinder zentral, da sie im Bereich der Gefühle eine Sprache anbieten, in dem Menschen sich nur schwer mit ihrer eigenen Sprache ausdrücken können. **Psalmen werden auf diese Weise zu einem Mittler der Entwicklung einer eigenen Sprache, die auch Gefühle auszudrücken vermag.**
2. Oberthür schloss sich der Grundentscheidung Baldermanns an, die Kinder nicht mit ganzen Psalmtexten, sondern mit ausgewählten elementaren Sätzen zu konfrontieren, die Grund- und **Lebenserfahrungen der Kinder widerspiegeln.**
3. Im Gegensatz zu Baldermann jedoch legt Oberthür Wert auf den Aspekt des freien Arbeitens mit Psalmtexten im Religionsunterricht; **Psalmwort-Kartei.**

Der Aufbau der Psalmwort-Kartei

120 Psalmworte werden sieben Kategorien (s. Übersichtstabelle) zugeordnet. In den sieben Kategorien werden Grunderfahrungen und -gefühle des Menschen angesprochen, die die Psalmworte strukturieren. Die stärkere Ausdifferenzierung der „negativen Gefühle" (Kategorie 1–5) wird biblisch legitimiert durch die Grundbewegung der Psalmen von der Klage zum Lob und durch das Übergewicht der Klagepsalmen im Alten Testament (90 von 150 Psalmen). Dafür befindet sich bei den „positiven Gefühlen" (Kategorie 6–7) eine höhere Zahl von Psalmwortkarten.

Kategorien der Psalmtexte: 7 Grunderfahrungen	Gefühle
1) Traurig und allein sein (14 Psalmworte)	Traurigkeit, Trauer, Alleinsein
2) Angst haben und erschrocken sein (14 Psalmworte)	Angst
3) Schmerzen haben und tot sein wollen (10 Psalmworte)	Schmerzen haben
4) Mutlos sein und sich nichts zutrauen (10 Psalmworte)	Mutlos sein, fehlendes Selbstbewusstsein
5) Wütend sein und sich beklagen (16 Psalmworte)	Wut, Klage
6) Angenommen sein und anvertrauen (32 Psalmworte)	Vertrauen
7) Sich freuen und glücklich sein (24 Psalmworte)	Freude, Glück

Zur Arbeit mit der Psalmwort-Kartei im Religionsunterricht und in freier Arbeit

Zu Beginn der Arbeit empfiehlt es sich, die sieben Grunderfahrungen (s. o.) anhand der Abbildungen, die der Psalmwort-Kartei beiliegen, ausführlich zu besprechen. Dieser Einstieg ist für Kinder sehr geeignet, da dabei ihre kindliche Gefühlswelt ernst genommen wird: Die Gefühle, die in den Bildern dargestellt werden, können die Kinder auf ihre eigenen Gefühle und auf Situationen in ihrem Leben übertragen und versprachlichen.

Anschließend werden sieben verschiedene Psalmtexte dargeboten (die Reihenfolge der Psalmtexte wird zur Reihenfolge der Bilder vertauscht!) und gelesen. Die Kinder werden aufgefordert, sich in jemanden hineinzuversetzen, der so spricht:

- Ich bin wie ein zerbrochenes Gefäß. (Ps 31,13)
- Ich höre, wie viele über mich lästern. (Ps 31,14)
- Ich vertrockne wie Heu. (Ps 102,12)
- Sie aber stehen da und schauen auf mich herab. (Ps 22,18)
- Willst du mich für immer vergessen? (Ps 13,2)
- Du bist Sonne und wärmst uns. (Ps 84,12)
- Ich freue mich über dich, ich bin überglücklich und will dir singen. (Ps 9,3)

Die Kinder sprechen über die Psalmtexte und überlegen, welcher Psalm zu welcher Rubrik gehören könnte. Auf diese Weise werden die menschlichen Grunderfahrungen mit den Psalmworten in Verbindung gebracht. Die Welt der Kinder kann mit der Welt der Psalmen korrelieren und neue Einsichten ermöglichen.

Es ist sinnvoll, dass die Kinder die Rubriken und je ein ausgesuchtes Psalmwort dazu in ihrem Religionsheft notieren, damit sie sich für die nun anschließende eigenständige Arbeit mit Psalmen einen notwendigen Überblick verschaffen. Natürlich kann diese Übersicht auch als Deckblatt für ein eigenes Psalmbuch oder für ein Psalmbuch der Klasse benutzt werden.

Im Anschluss an diese Erarbeitung wird den Kindern die Psalmwort-Kartei präsentiert und die Arbeit damit erklärt. In den darauf folgenden Religionsstunden wählen sich die Kinder aus den verschiedenen Rubriken Psalmworte aus. Sie malen und schreiben ihre Gedanken auf vorbereitete Arbeitsblätter (**M 1, M 2**).

Oberthür verweist auf Methoden, die besonders zum Einstieg in die Arbeit mit dem Psalmtext geeignet sind:

- Ein Psalmwort durch Pantomime ausdrücken.
- Ein Psalmwort in ein Rollenspiel umsetzen.
- Ein Psalmwort in einem „Körperdenkmal" darstellen.
- Ein Psalmwort mit Bewegung und Tanz ausdrücken.
- Ein Psalmwort laut und gestaltend sprechen.
- Ein Psalmwort verklanglichen.
- Ein Psalmwort mit Ton darstellen.

Durch die Gestaltung des Psalmwortes können sich die Kinder zunächst in das Psalmwort einstimmen. Sie können die erlebten Stimmungen oder Erinnerungen im Anschluss daran auf ihrem Arbeitsblatt malen und einen eigenen Text dazu schreiben.

Die Kinder dürfen sich in den Rubriken selbst Psalmworte aussuchen. Natürlich kann der Arbeitsauftrag auch so formuliert werden, dass sie sich ein Psalmwort aus jeder Kategorie aussuchen und dazu arbeiten sollen. Generell arbeiten die Kinder nach dem Grundsatz: „Verlasse dich beim Lesen der Sätze auf dein Gefühl. Wenn du merkst, dass dich der Satz besonders anspricht, arbeite mit ihm."

Die Arbeit mit der Psalmwort-Kartei sollte in freier Arbeit im Religionsunterricht erfolgen, wobei ein gemeinsamer Beginn und ein gemeinsamer Abschluss sinnvoll ist. Am Ende der Arbeit mit der Psalmwort-Kartei kann ein Fest gefeiert werden, in dem die Kinder ausgewählte Texte zu Psalmen vorlesen. Zwischen den Textbeiträgen können Lieder (s. S. 15, S. 69) ge-

sungen oder Musik zur Untermalung eingespielt werden. Selbstverständlich können Kinder auch Psalmworte mit Bewegungen darstellen.

Tipp: Es ist besonders schön, wenn sich die Kinder ein eigenes Psalmbuch gestalten. Es kann aber auch ein Psalmbuch der Klasse entstehen, das zum ständigen Lesen bereit liegt.

Im Folgenden werden ausgewählte Kindertexte zu Psalmworten dargeboten. Diese zeigen, dass sich die Kinder in Psalmen wiederfinden können und Situationen erinnern, die zum Psalmwort passen. Darüber hinaus belegen die Beispiele, dass Kinder durch die Arbeit mit der Psalmwort-Kartei neue Impulse für ihr Leben gewinnen.

Katharina (4. Schuljahr): Ich stehe vor dem Abgrund, Ps 88,4 (Kategorie 1)

Ich stehe vor dem Abgrund und rufe nach Gott. Ich stehe vor dem Abgrund und bitte Gott um eine Brücke.
Ich stehe vor dem Abgrund und danke Gott für diese Brücke.

Eva-Lotta (4. Schuljahr): Ich stehe vor dem Abgrund, Ps 88,4 (Kategorie 1)

Ich stand vor dem Abgrund, als ich gehört habe, dass meine Mutter gestorben ist, weil wir sie auch noch am nächsten Tag besuchen wollten – im Krankenhaus in Süddeutschland.

Itze/Moers: Psalmen
© Persen Verlag, Buxtehude

Katharina und Eva-Lotta wählen den Text „Ich stehe vor dem Abgrund" (Ps 88,4) und finden sich mit unterschiedlichen Gefühls- und Gedankensituationen in dem Text wieder. Während Katharina Möglichkeiten zur Überwindung des Abgrundes entwirft und Gott um Hilfe bittet, verarbeitet Eva-Lotta die Erfahrung vom zu frühen Tod ihrer Mutter, die sie eigentlich noch besuchen wollte. Eva-Lotta versteht den Beter, der spricht: „Ich stehe vor dem Abgrund." Auch sie stand am Abgrund, als sie vom Tod ihrer Mutter erfuhr. Ihre Gefühlssituation wird ihr im Psalmtext vor Augen geführt, sodass sie durch die eigene Akzeptanz und das Verstehen ihrer Gefühle wieder handlungsfähig wird.

Die Vielfalt der Auseinandersetzung mit den Gefühlen von Traurigkeit und Alleinsein erfahren die Kinder durch den Austausch, das Gespräch. Indem Kinder am Abschluss einer Religionsstunde ihre Ergebnisse im Gesprächskreis den anderen vorstellen (dieses geschieht natürlich auf freiwilliger Basis), erfahren die Kinder, dass der Beter des Psalms hier seine Erfahrungen verarbeitet hat und darüber hinaus, dass auch andere Kinder ähnliche Erfahrungen gesammelt haben. Das Kind ist mit seinen Erfahrungen nicht allein gelassen. Des Weiteren ist eine Vorstellungsrunde von elementarer Bedeutung, da die Kinder hier auch Psalmtexte aus anderen Rubriken hören, die andere Kinder auswählten. Dadurch wird der Blick der Traurigkeit in andere Dimensionen geführt bzw. der eigene Blick erweitert.

Anita (4. Schuljahr): Du hältst mich liebevoll an der Hand, Ps 73,23 (Kategorie 6)

Wenn ich Angst habe, hält mich meine Mutter liebevoll an der Hand.

Vertrauen ist ein positives Grundgefühl, das im Leben der Kinder eine zentrale Größe ist. Wer vertraut, gewinnt Zutrauen in das Leben. Vertrauen in das Leben und Vertrauen auf Gott sind für Kinder zumeist eine feste Einheit.

Anita kennt das gute Gefühl von Vertrauen, wenn sie in Situationen der Angst Halt bei ihrer Mutter findet. „So wie bei der Mutter, so ist es auch wohl bei Gott", sagt sie, „aber Gott hat ja keine eigenen Hände. Also muss er unsere nehmen." Robin zeigt, welche Bedeutung das eigene freie Schreiben zu Psalmtexten haben kann. Es fällt auf, dass er in sprachlicher Dichte die Charakteristika der Psalmensprache übernimmt und einen eigenen Psalm entwirft.

Kinder formulieren Texte und beweisen, dass sie den „großen Fragen" – wie Oberthür sie nennt – auch in sprachlicher Größe und Dichte gewachsen sind. Wie ist Frieden möglich? Robin schreibt zum Ps 147,14: „Du bist es, der Frieden schafft, ja du schaffst es. Du wirst es schaffen, du musst nur an dich glauben. … Die Hoffnung liegt in dir, wenn du es versuchst, kriegst du es hin. Versuche es, sonst kriegst du es nie hin, wenn du es nicht versuchst!" (Robin zu Ps 147,14). Robin spricht Mut zu.

Robin (4. Schuljahr): Du bist es, der Frieden schafft, Ps 147,14 (Kategorie 6)

Du bist es, der Frieden schafft,
ja du schaffst es.
Du wirst es schaffen,
du musst nur an dich glauben.

Alle glauben an dich,
die in Not sind, besonders.
Du bringst die Hoffnung,
alle hoffen, dass du den Frieden schaffst.

Die Hoffnung liegt in dir,
wenn du es versuchst, kriegst du es hin.
Versuche es, sonst kriegst du es nie hin,
wenn du es nicht versuchst.

Ausblick

Als Fazit bleibt festzuhalten, dass die Kinder in der Auseinandersetzung mit Psalmen durch die Psalmwort-Kartei viele neue Gedanken und Gefühle über sich, über andere und über Gott entdecken können. Die Textbeispiele unterstützen die Erkenntnis, dass „für Kinder schon vom Grundschulalter an sowohl wörtliches als auch symbolisches Verstehen parallel ohne kognitive

Probleme möglich ist"[6]. Sie unterstützen die Forderung Oberthürs, dass „ein Heranführen an ein symbolisches Verständnis biblischer bzw. religiöser Sprache … ohne Konkurrenz zum selbstverständlich vom Unterrichtenden akzeptierten wörtlichen Verstehen des Kindes … dringliche Aufgabe des Religionsunterrichts schon in der Grundschule"[7] ist. Die Symbolsprache der Psalmen hat eine große Bedeutung für die religiöse Sprachentwicklung der Kinder, da Kinder ihre realen Lebenssituationen in Symbolen bzw. in Symbolsprache wiederfinden und sich deshalb auch durch sie und mit ihr ausdrücken lernen: Kinder lernen in Symbolen zu denken und zu sprechen. Die Brücke des Faches Religion zu anderen Fächern (Deutsch/ Kunst/ Musik) wird deutlich.

Erschließen sich die Kinder vor dem Schriftsprachprozess die Psalmwörter kreativ (Arbeit mit Ton oder Knetgummi, Verklanglichen des Textes, Arbeit mit Teppichfliesen, Darstellung durch Tanz und Bewegung etc.), so intensiviert dies in besonderer Weise den Prozess der Auseinandersetzung. Nach dem Darstellen können die Kinder die entstandenen bzw. erlebten Bilder malen und im Text beschreiben bzw. auf verschiedenste Weisen versprachlichen.

Oberthür warnt davor, Kinder zu unterschätzen und nur solche Psalmtexte auszuwählen, die vermeintlich kindgemäß seien. Diese Erkenntnis entspricht der Auswahl vieler Lehrpläne, die die Breite der Psalmtexte unterstützen. Fehlende Texte in der Psalmwort-Kartei können von jeder Lehrperson ergänzt werden.

---

[1] Oberthür; Mayer 1995b
[2] Vgl. dazu: Oberthür; Mayer 1995b
[3] Oberthür 1995a, S. 89
[4] Vgl. Baldermann 2004[7]
[5] Oberthür 1995a, S. 82
[6] Ebd., S. 91
[7] Ebd., S. 91

Itze/Moers: Psalmen
© Persen Verlag, Buxtehude

1. **Schreibe den Psalmtext ab.**
2. **Was bedeutet der Psalm für dich?**
3. **Male dein Bild zum Psalm.**
4. **Schreibe deine Gedanken zum Psalm auf.**

Wenn dir ein Psalmwort gut gefällt, suche es in der Bibel.
Schreibe den ganzen Psalm ab.

Itze/Moers: Psalmen
© Persen Verlag, Buxtehude

Literatur

BALDERMANN, INGO (1994): Wie Kinder sich selbst in den Psalmen finden. In: Schweitzer, Friedrich; Faust-Siehl, Gabriele (1994): Religion in der Grundschule. Religiöse und moralische Erziehung. Frankfurt a.M., S. 187-195.

BALDERMANN, INGO (2004[7]): Wer hört mein Weinen? Kinder entdecken sich selbst in den Psalmen. Neukirchen-Vluyn.

BEHNEN, HANS-JOACHIM (1999): Tandem. Dorsten.

BERG, HORST-KLAUS (1999): Altes Testament unterrichten: Neunudzwanzig Unterrichtsentwürfe. München.

BILDUNGSKOMMISSION NRW (Hrsg.) (1995): Zukunft der Bildung – Schule der Zukunft. Neuwied.

BÖTTCHER, INGRID (Hrsg.) (1999): Kreatives Schreiben. Grundlagen und Methoden. Beispiele für Fächer und Projekte. Schreibecke und Dokumentation. Berlin.

BRUNER, JEROME, S. (1974): Lernen, Motivation und Curriculum. Frankfurt a.M.

EGGERT, DIETRICH (Hrsg.) (1995): Psychomotorisches Training. Weinheim.

FISCHER, STEPHANIE u. a. (2005): deutsch. Punkt 2 – Sprach-, Lese- und Selbstlernbuch. Leipzig.

FREUDENBERG, HANS (2000.): Freiarbeit mit Religionsunterricht praktisch. Materialien für die Grundschule. Bd: 1, 3. und 4. Schuljahr. Göttingen.

HAAG, HERBERT, u. a. (1993): Große Frauen der Bibel in Bild und Text. Freiburg, Basel, Wien.

ITZE, ULRIKE (2007): Kinderängsten in der Grundschule begegnen. Durch Symbole mit der Angst leben. Hohengehren.

JÜRGENSEN, EVA (1996): Engel: Unterrichtsmodelle mit Texten, Liedern, Bildern für den Religionsunterricht 3.–6. Schuljahr. Lahr.

KAMEETA, ZEPHANJA (1983): Gott in schwarzen Ghettos. Psalmen und Texte aus Namibia. Erlangen.

KESSLER, MATTHIAS; REIFF, MONIKA (2004): Engel als Boten Gottes. In: Religion erleben. 19. Ausgabe. Stuttgart.

KETT, FRANZ (1984): Mit Kindern von Gottes Engeln reden. In: Religionspädagogische Praxis. Heft 4. Landshut.

KLAFKI, WOLFGANG (1985): Neue Studien zur Bildungstheorie und Didaktik.

KLIPPERT, HEINZ (1996): Planspiele. Weinheim.

KÜBLER, HENRIKE (2001): Das Buch Tobit als Zugang zu den Engeln der Bibel. Ein Unterrichtsvorschlag zur LPE „Engel – Boten Gottes" in Klasse 4. In: entwurf 2/2001.

KUHL, LENA (1993): Nicht immer im Gleichschritt. Religionsunterricht in der Grundschule im Rahmen der neueren pädagogischen Bewegungen. Arbeitsmaterialien für die „Freie Arbeit". Loccum.

LEßMANN, BEATE (Hrsg.) (2002): Mein Gott, mein Gott … Mit Psalmworten biblische Themen erschließen. Ein Praxisbuch für Schule und Gemeinde, Neukirchen-Vluyn.

MEYERS KONVERSATIONS-LEXIKON (1888[4]): Eine Enzyklopädie des allgemeinen Wissens. Bd. 11. Leipzig, S. 13–16.

MINISTERIUM FÜR SCHULE UND WEITERBILDUNG DES LANDES NORDRHEIN-WESTFALEN (1985): Richtlinien und Lehrpläne für die Grundschule in Nordrhein-Westfalen. Evangelische Religionslehre. Düsseldorf.

MINISTERIUM FÜR SCHULE, JUGEND UND KINDER DES LANDES NORDRHEIN-WESTFALEN (2003): Richtlinien und Lehrpläne zur Erprobung für die Grundschule in Nordrhein-Westfalen. Düsseldorf 2003, S. 123–145.

MOERS, EDELGARD; ZÜHLKE, STEFANIE (1999): Schreibwerkstatt Grundschule. Möglichkeiten zum freien, kreativen, assoziativen, produktiven und kommunikativen Schreiben. Donauwörth.

OBERTHÜR, RAINER (1995a): In Bildworten der Bibel sich selbst entdecken. Umgang mit einer >>Psalmwort-Kartei<< in Religionsunterricht und freier Arbeit. In: OBERTHÜR, RAINER (1995): Kinder und die großen Fragen. Ein Praxisbuch für den Religionsunterricht. München, S. 81–94.

OBERTHÜR, RAINER; MAYER, ALOIS (1995b): Psalmwort-Kartei und Begleitheft. Heinsberg.

OBERTHÜR, RAINER (1998): Kinder fragen nach Leid und Gott. Lernen mit der Bibel im Religionsunterricht. München.

PARISIUS, THEODOR (1999): Der Verseschmied. Leitfaden für Hobbydichter. Niedernhausen.

POTT, SANDRA (2005): Poetologische Reflexion. Lyrik als Gattung in poetologischer Lyrik, Poetik und Ästhetik des 19. Jahrhunderts. In: MARTUS, STEFFEN U. A. (Hrsg.) (2005): Lyrik im 19. Jahrhundert. Gattungspoetik als Reflexionsmedium der Kultur. Bern, S. 31-59.

RENDLE LUDWIG U. A. (1996): Ganzheitliche Methoden im Religionsunterricht. Ein Praxisbuch. München.

RICKERS, FOLKERT; METTE, NORBERT (Hrsg.) (2001): Lexikon der Religionspädagogik. Neukirchen-Vluyn.

RUPRECHT, DOROTHEA (1987): Untersuchungen zum Lyrikverständnis in Kunsttheorie, Literarhistorie und Literaturkritik zwischen 1830 und 1860. Göttingen.

ROSENZWEIG, FRANZ (1986): Die Schrift, IV: Die Schriftwerke. Verdeutscht von Martin Buber. Heidelberg.

ROTH, HEINRICH (1971): Pädagogische Anthropologie. Band II. Entwicklung und Erziehung. Hannover.

SCHILDLER, REGINE; ARNO (ILLUSTR.) (2005): Im Schatten deiner Flügel. Psalmen für Kinder. Düsseldorf.

SCHRÖTER, TRAUDISCH (1992): Marc Chagall: Bilder zur Bibel. Ausstellungskatalog.Wiehl.

SCHULZ, GUDRUN (1997): Umgang mit Gedichten. Didaktische Überlegungen. Beispiele zu vielen Themen. Methoden im Überblick. Berlin .

SCHUMANN, OTTO (Hrsg.) (2000): Grundlagen und Techniken der Schreibkunst. Handbuch für Schriftsteller, Pädagogen, Germanisten, Redakteure und angehende Autoren. Überarbeitete Neuausgabe. Hamburg.

SEYBOLD, KLAUS (1986): Die Psalmen. Eine Einführung. Stuttgart u.a.

SPREE, ULRIKE (2000): Das Streben nach Wissen. Eine vergleichende Gattungsgeschichte der populären Enzyklopädie in Deutschland und Großbritannien im 19. Jahrhundert. Tübingen.

Itze/Moers: Psalmen
© Persen Verlag, Buxtehude

Stammen, Theo u. a. (Hrsg.) (2004): Wissenssicherung, Wissensordnung und Wissensverarbeitung. Das europäische Modell der Enzyklopädien. Berlin.

Steinwede, Dietrich; Lüdke, Kerstin (1994): Psalm 23 – Besinnung auf Gott. In: Dies.: Religionsbuch Oikoumene. Werkbuch 1/2. Düsseldorf, S. 234–237.

Unfried, Roswitha (2002[9]): Linzer Fernkurs, unter Mitarbeit von Mag. Dr. Eva Drechsler, in: Kogler, Franz (Hrsg.) (2002[9]): Altes Testament. Linz.

Veit, Reinhard (2003): Engel. Horneburg

Westermann, Claus (1977): Lob und Klage in den Psalmen. Übersetzt und erklärt. Göttingen.

Westermann, Claus (1978): Gottes Engel brauchen keine Flügel. Göttingen.

Westermann, Claus (1984): Ausgewählte Psalmen. Übersetzt und erklärt. Göttingen.

Zenger, Erich (1996[2]): Einleitung in das Alte Testament. Stuttgart, Berlin, Köln.

Tolle Ideen für einen kreativen Religionsunterricht!

Ulrike Itze, Edelgaard Moers

Theologisieren in der Grundschule

Anleitungen und Ideen zum Umgang mit schwierigen Kinderfragen

Kinderfragen nach dem Tod, nach Gott und nach dem Lebensweg stellen Sie immer wieder vor große Schwierigkeiten, denn einfache und klare Antworten gibt es darauf nicht. Dieses Buch gibt Ihnen ein erprobtes Konzept an die Hand, das konkrete Handlungsschritte aufzeigt, um solchen Fragen angemessen zu begegnen. Es ermöglicht Ihnen, ein Lernbegleiter der Kinder zu werden. Gleichzeitig bietet es zu einer Auswahl an Kinderfragen konkrete Unterrichtseinheiten mit Tipps, Hinweisen, Ablaufplänen und allen benötigten Kopiervorlagen.

Band 1:
Warum bin ich auf der Welt?
Wer bist du Gott?
Wo sind die Toten? u. v. m.

Band 2:
Wie bist du Gott?
Was ist mein wichtigster Gedanke?
Was ist Glück? u. v. m.

Ein praxisorientiertes Konzept mit konkreten Unterrichtseinheiten!

S. Grünschläger-Brenneke, M. Röse

Lebendige Schulgottesdienste feiern

5 ausgearbeitete Gottesdienste für die Höhepunkte des Schuljahres

Feste und Feiern haben einen angestammten Platz im Schulleben. Dazu zählen auch Schulgottesdienste, die die Schulkultur fördern und es Kindern ermöglichen, Erfahrungen in religiöser Praxis zu sammeln. Dieser Band hält fünf fertig ausgearbeitete Gottesdienste bereit, mit denen Sie Kinder und Erwachsene gleichermaßen begeistern. Mit mitreißenden Liedern, kindgerechten Ansprachen und Fürbitten haben die erfahrenen Autorinnen Gottesdienste entworfen, die Kindern Anregung und Orientierung geben. Thematisch orientieren Sie sich an den Festen und Feiern im Kirchenjahr und an Ereignissen im Schulleben.

Das Komplettpaket für Einschulung, Erntedank, Weihnachten, Ostern, Schuljahresschluss!

Band 1	Band 2	
Buch, 112 Seiten, DIN A4	Buch, 134 Seiten, DIN A4	Buch, 52 Seiten, DIN A4, inkl. CD
2. bis 4. Klasse	2. bis 4. Klasse	1. bis 4. Klasse
Best.-Nr. 3764	Best.-Nr. 3458	Best.-Nr. 3261

Christian Gauer, Markus Gross, Sabine Grünschläger-Brenneke, Micaela Röse, Gerhard Struwe

Bergedorfer Grundschulpraxis Religion

Kreativer Religionsunterricht: ganzheitlich – gemeinschaftsfördernd – handlungsorientiert

→ Diese Materialien für den evangelischen Religionsunterricht ermöglichen mit ihrem reichhaltigen Angebot einen ganzheitlichen Religionsunterricht.

→ Dadurch erhalten Ihre Schülerinnen und Schüler vielfältige Möglichkeiten, sich mit Religion und Christentum intensiv auseinanderzusetzen.

→ Alle Unterrichtsvorschläge orientieren sich an den Bereichen „Identität entwickeln", „Gemeinschaft leben", „Verantwortung übernehmen" und „Hoffnung schöpfen" und vernetzen sie sinnvoll miteinander.

→ Die detaillierten Unterrichtsvorschläge werden durch fundierte theologisch-didaktische Kommentare ergänzt.

→ Auf den CDs zu den jeweiligen Bänden finden Sie alle behandelten Lieder als Voll- und als Playback-Version sowie meditative Musik als Ergänzung.

1. Klasse	2. Klasse	3. Klasse	4. Klasse
Buch	**Buch**	**Buch**	**Neu: Buch**
172 Seiten, mit farbigen Abbildungen im Materialteil, DIN A4	218 Seiten, mit farbigen Abbildungen im Materialteil, DIN A4	178 Seiten, mit farbigen Abbildungen im Materialteil, DIN A4	196 Seiten, mit farbigen Abbildungen im Materialteil, DIN A4
1. Klasse Best.-Nr. 3950	2. Klasse Best.-Nr. 3951	3. Klasse Best.-Nr. 3952	4. Klasse Best.-Nr. 3953
CD Best.-Nr. 3974	**CD** Best.-Nr. 3976	**CD** Best.-Nr. 3978	**CD** Best.-Nr. 3980
Foliensatz	**Foliensatz**	**Foliensatz**	**Foliensatz**
13 Farbfolien, DIN A5 Best.-Nr. 3975	14 Farbfolien, DIN A5 Best.-Nr. 3977	9 Farbfolien, DIN A5 Best.-Nr. 3979	10 Farbfolien, DIN A5 Best.-Nr. 3981

Unser Bestellservice:

Das komplette Verlagsprogramm finden Sie in unserem Online-Shop unter

www.persen.de

Bei Fragen hilft Ihnen unser Kundenservice gerne weiter.

Deutschland: ℚ 0 41 61/7 49 60-40 · Schweiz: ℚ 052/366 53 54 · Österreich: ℚ 0 72 30/2 00 11

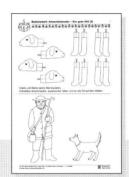